中国ぎらいのための中国史

安田峰俊
Yasuda Minetoshi

PHP新書

はじめに

過去と現代という「ふたつの中国」

中国は嫌われている。

内閣府が発表した令和五年の「外交に関する世論調査」によると、中国に「親しみを感じない」「どちらかというと親しみを感じない」人は合計八六・七％にのぼる。四十六年前の調査開始から最悪の数値らしい。若者層の忌避(きひ)感情は比較的薄いという話もあるが、とはいえ世論全体からすれば思い切り嫌われている。

理由は無数に挙げられるだろう。覇権主義的な外交姿勢と、相次ぐ日本人の拘束、台湾に対する恫喝(どうかつ)と有事の可能性、福島原発の処理水排出に対する激烈な抗議や、庶民が見せる不合理的で情緒的な反日姿勢、習近平の独裁体制と監視社会、新型コロナウイルスのパンデミック発生当初の隠蔽体質——。嫌われる理由は、中国自身に相当の責任がある。

もっとも、日本側の要因も火に油を注いでいる。古い世代ほど中国人への蔑視感情を濃厚に持つ人がおり、そうした年配層にカネを吐き出させたい商業的な言説も盛んだからだ。国民の九割近くが中国を嫌う世論は、このようにして生まれている。

——ただし、反面で不思議な現象もある。

今年（二〇二四年）の夏休み映画の目玉で、七月末時点の興行収入が四六億円、観客動員数三一三万人を記録した作品は、紀元前三世紀の中国が舞台の『キングダム　大将軍の帰還』だった。日本人がわざわざ、古代中国人を演じた映画が大ヒットしたのである。

『キングダム』の原作は、既刊七十巻を超えるベストセラーのマンガだ。ほかにも中国史がテーマのマンガは、横山光輝『三国志』『項羽と劉邦』、李學仁・王欣太『蒼天航路』、藤崎竜『封神演義』、川原正敏『龍帥の翼』と、昔からいままでヒット作が多い。

向かうところ敵なしの様子を意味する、「無双する」というスラングがある。言葉の元ネタは、コーエーテクモゲームスの『真・三國無双』だ。これは三国志の武将を操作して戦場の敵をなぎ倒すアクションゲームで、同社のシミュレーションゲーム『三國志』シリーズとともに、現在まで多くのファンを集めている。スマホのアプリにはコンセプトが似た他社のゲームも数多くある。

しかも、日本人は李白の漢詩や『論語』などを中学・高校で習っている。往年ほどではないとはいえ、四字熟語や（実は中国由来の）故事成語を的確に使うと知的に見える風潮は現在も残る。少年マンガなどでも、巨悪の重鎮めいたキャラクターはやたらに漢字の多い言葉や古めかしい言葉づかいを好みがちだ。

考えてみると奇妙な話だろう。私たちは日々、国民の約九割が嫌っている国の、古代社会のストーリーをエンターテインメントとして楽しみ、その人物たちを操作して遊んでいる。さらにその教養に、一定の知性や重みを感じている。

この大きな矛盾はどう考えるべきか？

最も説得力のある説明は、日本人の大部分が、古典の世界（およびそれが舞台のエンタメ）の中国と、現実の中国を「別物」だとみなしているからだ。

ある意味では『ドラゴンクエスト』や『葬送のフリーレン』に登場する「剣と魔法」の中世ヨーロッパ的世界観と変わらない。始皇帝や諸葛孔明がいる古典中国は、日本人にとって一種の異世界ファンタジーの世界で、習近平が台湾海峡にミサイルを打ち込んでいる現実の中華人民共和国とは何の関係もない。なので、世間で抵抗なく受け入れられているのだ。

ちなみに、歴史と現代の「別物」扱いは昔からでもある。

幕末に上海を訪れた高杉晋作らは、かつて学んだ古典の中国と、現実の上海で見た中国社会のギャップに衝撃を受けている。また、日中戦争があった一九三〇年代～四〇年代には、現実の中国と戦争中にもかかわらず、日本国内では三国志ブームが起きた（横山光輝の作品のモデルである吉川英治の小説『三国志』もこの時期に発表された）。戦地にまで『史記』や李白の詩集を持ち込み、読んでいた日本兵もいたと伝わる。

だが、ここで注意しなくてはいけないのは、カッコいい古典中国と問題だらけの現代中国を「別物」にすることで両者の矛盾を解消する発想は、日本人の一方的な考えにすぎないということだ。

当の中国人にとって、古典世界は自分たちの過去である。そして、過去は現代と濃厚に接続している。

エリート層の中国人が会話のなかで「中国有一句話（チョングオヨウイージュイホア）」（中国ではこのような話がある）という言葉とともに頻繁に使う、古典表現の引用や歴史文化のうんちくがどれだけ多いか。

また、日本ではＮＨＫ以外でほとんど見られなくなった時代劇が、中国では現在でもどれほど活発に放送されているか。そして子どもに漢詩や『論語』を覚え込ませる（そしてしばしばやりすぎる）中国の親がどれだけ多いか。中国国内外のネットユーザーが現体制を風刺するときに、古代王朝や中華民国時代の比喩をいかに多く使いがちか——。

中国とある程度深く接した経験がある人なら、頷く話ばかりのはずである。

詳しくは本書を読んでほしいが、中国において歴史は、外交や政治・軍事から日常生活まで大いに活用されている。ときには日本でヒットしている中国系ソーシャルゲームのキャラクターのセリフからも、それを感じ取ることができる。

一定レベル以上の教養がある中国人と会話したり、ビジネスや政治のシビアな交渉をおこなったりする際に、この手の文化的知識をまったく持たないで成果を挙げることは難しい。

中国は、現在もなお歴史と接続し、歴史で動いている国なのである。

現代中国を知るための中国史

本書の著者である私は、普段はジャーナリズムの立場から中国に向き合っている。ただ、かつて大学と大学院（修士課程）ではもっぱら東洋史（中国史）を学んでいた。

経験から述べれば、中国史の知識とは、単なる好事家のオタク雑学や、カビの生えた無用の学問ではない。現代中国と対峙して分析するという「業務」のうえでは、会計やプログラミングなどと同様に役に立つ実用的知識である（それらの基礎を学んでいない場合、具体的に何がどう役に立つのかを十分に想像できない点も、会計やプログラミングと同様だ）。

ただ、現代中国に関係している日本人の多くが、必ずしも得意でないのもこの分野だ。

現在、対中外交の最前線を担う外務省のチャイナ・スクール（中国語研修班出身者）の外交官や、中国報道を手掛ける記者たち、さらに企業で長年中国業務に携わっているビジネスパーソンには、標準中国語の高い運用能力を持つ人が多い。

中国共産党の指導部である合計七人の党常務委員の名前やおおまかなプロフィール、直近の対日交流日程などは多くの人が把握している。党大会や全人代などの重要会議で発表されたコミュニケや、香港国家安全維持法や反スパイ法のような重要法案の原文を、みっちりと読み込んでいる人も多い。大国・中国に向き合うセクションは花形部署であり、担当者の多くは勤勉で優秀な人たちなのだ。

だが、彼らのなかで、清朝の奏摺（地方官が皇帝にあてた報告文）を、ある程度でも読解できる人はほとんどいないだろう。李世民や岳飛や乾隆帝（いずれも中国側では非常に著名な歴史人物）の人物評について、中国人と世間話を続けられる人も稀だと思われる。

そのため、たとえば中国政府が尖閣諸島の領有権の根拠として挙げている明の官僚の沖縄出張報告書『使琉球録』を、原書に触れて解釈できる日本側の外交官やジャーナリストは、おそらく限られている。また、習近平は演説のなかで古典をしばしば引用するが、その意味するところを肌感覚で察せられる人も決して多くない。現代中国の政治や社会・経済を専門とする研究者の世界にも、おそらくこれと近い問題がある。

実は日本の中国史・中国古典研究はそれなりに蓄積がある分野だが、「別物」感覚が強いせいか、残念ながらその知見は現代中国のプロたちとの間で必ずしも共有されていない。結果、メディアの露出や政策提言の機会が多い彼らの情報発信に、歴史や古典の視点は十分に反映されないでいる。

これは、考えてみると非常にもったいない話だ。

現代の国際社会において、中国の古典世界に長年接した伝統があり、現在でもその理解が可能な下地を持つ非中華圏の主要国は、日本と韓国くらいしかない。ただ、韓国はすでに漢字を日常的に使わないので、この分野での日本のアドバンテージはかなり大きい。

中国史の知識は本来、西側各国のなかでほぼ日本のみが圧倒的な優位性を持つ貴重な戦略的資源のはずなのだ。現代中国の分析なり政治判断なりビジネスなりの分野で、もっと有効に活用できないものかと歯がゆい思いがする。

私はそんな問題意識から本書を書いた。

各章ではあえて、始皇帝・諸葛孔明・元寇・漢詩・アヘン戦争……など、日本人ならほぼ義務教育段階で耳にするトピックばかりを選んだ。ごく身近な歴史用語と、現代中国がいかに密接につながっているかを知ってもらいたいからだ。

また、各章のトピックは時系列では並べず、「奇書」「戦争」「王朝」「学問」「帝王」とテーマ別のカテゴリーで分けた。本書の目的は中国史をとっかかりに現代中国の性質を理解してもらうことにあり、こちらのほうがその意図にかなうと判断したためである。

現代中国とは「別物」の世界の話に思えるこれらのトピックが、いかにナマの中国を理解するうえで有用か。

ぜひページをめくって、その驚きを楽しんでほしい。

中国ぎらいのための中国史

目次

第二章　戦争〔孫子／元寇／アヘン戦争〕

元寇　（一二七四年・一二八一年）「他人事」として忘れられた軍事行動……68

アヘン戦争　（一八四〇～一八四二年）「大きな赤ん坊」を生んだ近代中国のトラウマ……80

第三章　王朝〔唐／明〕

第五章 帝王〔始皇帝／毛沢東〕

中国史の流れと本書の舞台

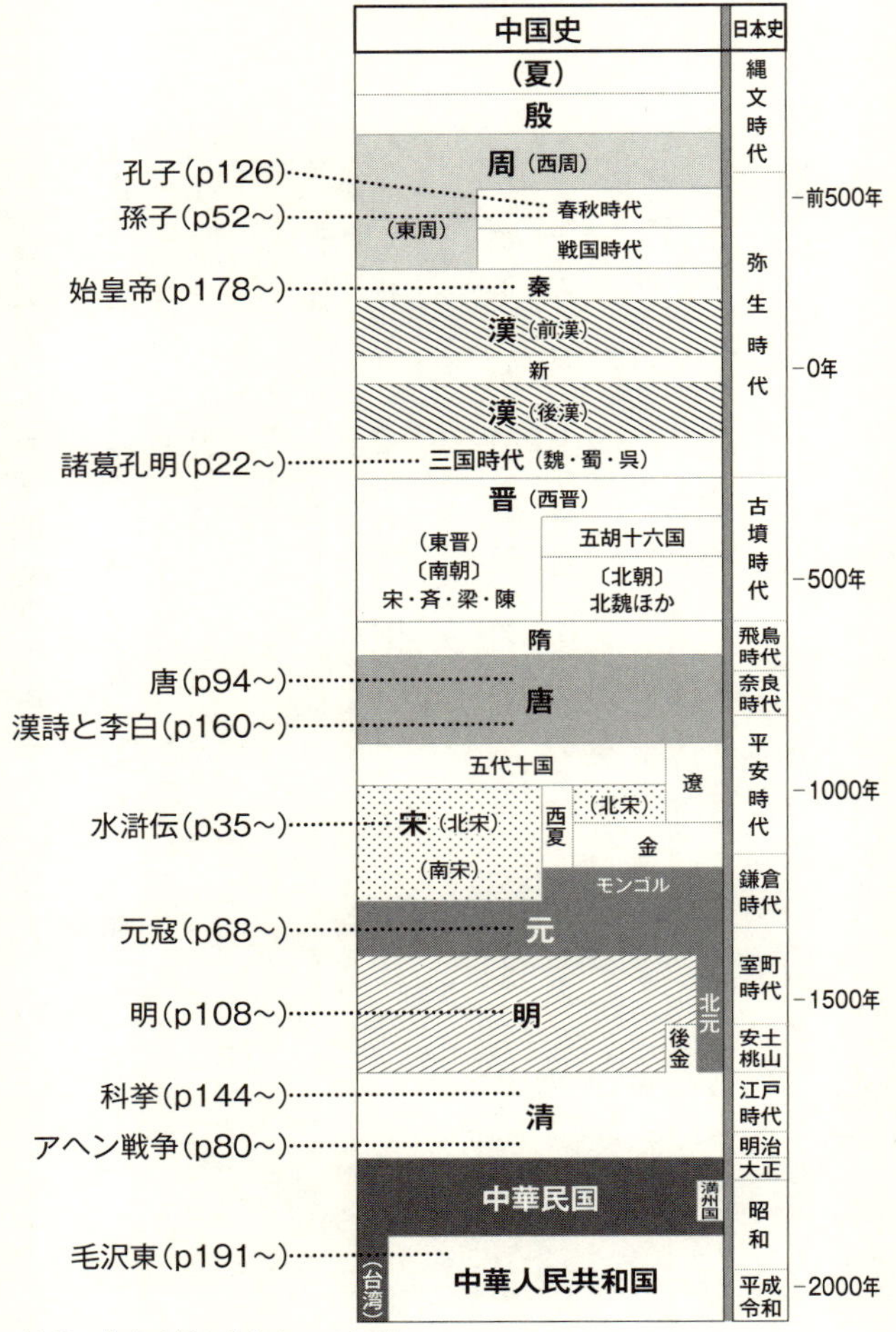

（上記の年表は便宜的なものである）

第一章

奇書

〔諸葛孔明（三国志演義）／水滸伝〕

諸葛孔明

（三国志演義）（一八一～二三四年）

千八百年ぶりに「諸葛丞相」誕生か

明日の中国共産党は諸葛氏が担う？

中国の指導者である習近平は、現時点では明確に後継者を定めていない。

二〇二二年十月に開かれた第二〇回党大会の幹部人事を見ても、高級幹部である党中央委員二〇五人に「十年後も働ける」世代はほとんど含まれていなかった。習近平の手足として働く現在の中央委員たちは、多くが六十歳以上である。

とはいえ、彼らもやがては年を取り、世代交代の時期を迎えざるを得ない。今後、次世代のホープとなりうる一九七〇年代生まれ（七〇後（チーリンホウ））の中央候補委員の幹部たちには、何人かの注目株もいる。

中国国内の報道に登場した諸葛宇傑。『捜狐』（https://www.sohu.com/a/543200909_115510）より

たとえば、貴州省党委（共産党委員会）副書記の時光輝（シイグアンフイ）、昆明市党委書記の劉洪建（リユウホンジエン）、済南市党委書記の劉強（リユウチヤン）……などの面々なのだが、彼ら七〇後幹部のなかでも、ひときわ目立つ人物がいる。

その名は諸葛宇傑（チユーガアユイジエ）。二〇二一年三月、この世代としては初めて、省クラスの行政機関でナンバー3のポストである上海市党委副書記の座を射止めた人物だ（現在は湖北省党委副書記）。同年十一月一日付の『ウォールストリート・ジャーナル』の記事でも、習近平の後継者になりうる次世代の五人の指導者候補の一人として名が挙げられた。

一見してわかるように、諸葛宇傑は現代の中国人には珍しい複姓（漢字二文字以上の姓）の持ち主である。しかも、三国志で有名な蜀の丞相（じょうしょう）・諸葛亮（諸葛孔明）と同姓だ。

中国側の公開情報によると、諸葛宇傑は一九七一年五月生まれで上海出身。四十代までは港湾に関係する国有企業に身を置き、社内の党組織の幹部として働いてきた。二〇一〇年代後半から上海市党委に移り、当時の市党委のトップであった韓正（ハンヂエン）（現国家副主席）や李強（リイチヤン）（党内序列二位、総理）に秘書として仕えた。

中国共産党では〝大物〟の上司に気に入られることが出世のパスポートとなる。彼はそうした意味でも上司運に恵まれた人物だ。加えてそもそも上海市のトップは、次代の最高指導部入りの可能性が濃厚な高官が就任する特別なポストでもある。

諸葛宇傑は、これまで一貫して上海で働いてきたが、二〇二三年三月に湖北省に転出した。人事異動を伝えた当時の報道の扱いは比較的大きかったため、必ずしも左遷ではなく、有力者が彼の今後の出世を見込んで他地域での勤務を経験させようとした結果かもしれない。

一方、中国共産党は幹部の個人情報をあまり明かさないため、諸葛宇傑の両親や一族についての事情は公開されていない。ゆえに、彼が三国志の軍師・諸葛亮と血縁関係を持つ人物であるかも、現時点では不明である。

諸葛亮の子孫を称する人たち

とはいえ諸葛宇傑が、諸葛亮やそれに近い人物の子孫（という言い伝えを持つ一族の出身者）であっても、それほど不自然ではない。

中国公安部が発表した二〇二一年の姓氏データによると、中国における諸葛姓の人口は約四・九万人。彼らのうちの約三九％が浙江省、約二四％が広西チワン族自治区、約二三％が山東省に分布する（ちなみに司馬姓は二・五万人、夏侯姓は一・一万人、皇甫姓は六・五万人である。司馬懿や夏侯惇・皇甫嵩など、三国志の物語ではお馴染みの複姓は、現代中国ではかなり珍しいのだ）。

調べてみると、諸葛氏が多いのはまず諸葛亮の故郷の琅邪郡に近い山東省臨沂市付近で、「諸葛城」という地名も見つかる。また、浙江省蘭渓市には諸葛亮の後裔を称する人たちが住む諸葛八卦村があり、この村は明代の古建築が多く観光名所になっている。ほかにも浙江省温州市付近に諸葛姓の人たちが多くいる。

浙江省の諸葛氏たちの複数の族譜（父系の祖先を記した一族の歴史書。内容が事実とは限らない）によると、諸葛亮から十四世代後の子孫とされる諸葛浰（れん）が、浙江省における諸葛一族のはじまりだという。諸葛浰は五代十国時代の十世紀半ば、華北の混乱を避けて南下し、紹興県や寿昌県（いずれも現在の浙江省）の県令を務めて現地に根付いたとされる。

一方、上海は十九世紀半ば以降に発展した歴史の浅い都市で、中華人民共和国の成立前からの上海市民の多くは、隣接する浙江省からの移住者やその子孫である。浙江省の有力氏族である諸葛氏からも移住者がいた可能性は高い。諸葛宇傑も、彼らの末裔ではないだろうか（余談ながら、上海の人民代表委員〔市議に相当〕には、清朝皇族の末裔（まつえい）かと思われる愛新覚羅徳甄（アイシンジュエルオデエヂエン）という女性議員がいる。二〇一〇年代半ばには、諸葛宇傑も同市の人民代表委員を務めていたため、当時の上海では愛新覚羅氏と諸葛氏が議場で市政を論じる奇観が見られた）。

諸葛宇傑は現総理である李強の息がかかっているためか、まだマイナーな地方幹部にもかかわらず、すでに彼をことさら褒め称えるような報道も現地でいくつか出ている。出世のスピードのみならず、知名度でも同世代の党幹部たちのトップランナーだ。

もっとも、若手時代から頭角を現した人物は、どこかで足を引っ張られたり派閥抗争に巻き込まれたりして、最終的にはパッとせずに終わることも多いのが中国の官界の怖さである。なかには、ゼロ年代前半に上海のトップだった陳良宇（チエンリヤンユイ）のように汚職容疑で失脚し、投獄された例もある。諸葛宇傑が今後も輝き続けられるかは不透明だ。

ただ、仮に順調に出世できた場合——。とりわけ、彼が中央政府の行政の長である国務院総理に就任した場合は大事件である。

二三四年に諸葛亮が五丈原で陣没してから、ほぼ千八百年ぶりに、中国で「諸葛丞相」が誕生することになるからだ（丞相は現代の総理に相当する）。

政治的な話はさておき、単語の響きにワクワクしてしまうのは私だけではあるまい。七〇後幹部のホープである諸葛宇傑の将来は、ひそかな注目のポイントである。

諸葛亮の『出師表』を引用する習近平

諸葛亮はおそらく、日本人の間で最も有名な中国史の人物の一人だ。そのプロフィールを簡単におさらいしておこう。

徐州琅邪郡の人であった諸葛亮は、移住先の荊州で、前漢の景帝の末裔とされる劉備から三顧の礼を受け、魏・呉・蜀を鼎立させる持論「天下三分の計」を提唱してその臣下になった。やがて劉備が蜀の皇帝に即位すると、諸葛亮は丞相に就任。劉備の死後に大権を握って二代目の劉禅を補佐し、その高い行政能力で蜀を支え続けた。晩年は自ら兵を率いて魏に対する軍事行動（北伐）を繰り返したが、志半ばにして病を得て逝去した。これが史実の諸葛亮である。

一方、十四世紀に羅貫中がまとめた歴史小説『三国志演義』は、蜀を善玉として描いており、諸葛亮は物語後半の中心人物に位置付けられている。

『演義』の諸葛亮は、一夜にして一〇万本の矢を集める、巨石を組み合わせた石兵八陣で敵軍を退ける、死後もなお自分の木像を使って魏の司馬懿を敗走させる……と、智謀神の如き天才軍師として描かれており、これが後世のイメージに大きな影響を与えることになった。

日本でも、『演義』の内容を日本人向けにアレンジした吉川英治の小説や横山光輝のマンガ、NHKの人形劇などが大ヒットした。三国では最弱の国だった蜀に忠義を尽くした諸葛亮の姿が、日本人の判官贔屓的な心情を刺激したことも人気の一因だろう。日本でのこうした創作物では「諸葛亮」よりも「諸葛孔明」のほうが通りがいい。

近年、日本のエンターテインメントの世界では、「孔明」の人物像があれこれとアレンジされ、変態性愛者にされたり（『蒼天航路』）、敵兵にビーム攻撃を放つ設定にされたり（『真・三國無双』シリーズ）、果ては渋谷のパリピにされたり（四葉夕卜・小川亮『パリピ孔明』）と、好き放題に描かれている。ただ、これらの自由奔放な描写の数々も、彼のステレオタイプなイメージが日本社会で完全に定着しているために生まれたものにほかならない。

一方、本場の中国でも『三国志演義』は広く読まれ、諸葛亮も根強い人気がある。

中国の伝統的な講談や京劇では、曹操（そうそう）などの魏の武将が悪役として設定されてきたが、近年は彼らを魅力的なキャラクターとして描いた日本側の人物解釈も逆輸入されている。もっとも諸葛亮については、日中間での解釈の差が比較的小さく、蜀に忠誠を誓い人格的にも立派な天才軍師、というイメージは共通している（『演義』からの直接の影響が強い中国のほうが、諸葛亮の妖術師的な面を大きく捉える傾向はある）。

諸葛亮については、日本語の「三人寄れば文殊の知恵」と同じ意味の「三個臭皮匠勝過諸葛亮」（凡人も三人集まれば諸葛亮に勝てる）や、事態が終わってから賢（さか）しらに解説してみせる行為を指す「事後諸葛亮」など俗語的なことわざやスラングも多い。現代の中国人にとっても身近な存在ということである。

ゆえに、習近平の演説のなかで諸葛亮の言葉が引用されたケースもある。

比較的有名なのは、「受命以来、夙夜憂歎、恐託付不効」（意訳：使命を引き受けて以来、自分が果たすべき責任を意識せぬときはない）という一節の多用だ。これは諸葛亮が北伐にあたって君主の劉禅に奏上した『出師表(すいしのひょう)』の言葉である。

最初に引用されたのは、二〇一四年九月ごろの演説だったとされるが、この引用句はその後も党大会が開かれる年（二〇一七年や二〇二二年）ごとに『人民日報』などでしばしば取り上げられ、習政権を象徴する言葉の一つとなっている。

近年、習近平は「我将無我不負人民」（意訳：私は私心をもたず人民に背(そむ)かない）というスローガンをプロパガンダに用いるようになったが、この言葉とセットで引用されるケースも多いようだ。

「孔明の南蛮行」がポジティブに解釈される理由

中国において、歴史は単なる過去の出来事ではなく、現代の政治的な問題を肯定したり否定したりする材料として活用する対象だ。こんにちの価値観をもとに、数百年以上も昔の人物の言動を論じる行為はナンセンスに思えるが、中国はそれを非常に好む国である。

たとえば諸葛亮の場合、近年の中国では「南征」をポジティブに論じることが増えた。

南征とはすなわち、劉備の病没後に益州（現在の四川省）南部で起きた反乱に対して、諸葛亮が自ら軍を率いて出兵し、そのまま南中（現在の雲南省・貴州省）方面まで遠征した出来事である。横山光輝『三国志』のいう「孔明の南蛮行」だ。南中の平定後、諸葛亮は現地に六つの郡を置いたが、蜀の本国から行政官を送らず現地の有力者を行政のトップに据え、情勢の安定を図った。

当時、中国西南部にいた異民族は西南夷（せいなんい）と呼ばれた。現代中国の民族識別工作でいう、ペー族やミャオ族、ナシ族などの祖先の一部である。彼らのなかには、諸葛亮の南征を通じて蜀に服属し、漢民族の文化を受容した人たちがいた。現在でも雲南省の少数民族には、諸葛亮に関連した説話や習慣を（後世に創作されたものを含めて）伝えている事例が多い。

では、なぜ現代中国で諸葛亮の南征が肯定的に捉えられているのか。

理由は、諸葛亮が辺境における少数民族の統治政策において成功を収め、国家の統一や中華民族の文化の拡大に貢献したから……である。

事実、一触即発の少数民族問題が報じられるチベット族やウイグル族とは異なり、かつて西南夷と呼ばれた中国西南部の諸民族は、「少数民族」とはいえ中国国家の一員（中国人）であるという自己認識が強く、分離独立運動とも無縁である。

これは彼らが長年にわたり漢民族の社会と接触し続けた歴史を持つためだが、その最初のきっかけの一つが、諸葛亮の南征だったのだ。

そのため、特に二〇一三年の習近平政権の成立以降、西南地域の少数民族と諸葛亮の関係をポジティブに論じる言説が増えた。インターネットで「中華民族共同体」や「大一統（ダーイートン）」（＝一つの中央政権のもとで中国が統一された状態）といった特有の単語と諸葛亮の名前を組み合わせて検索すると、政治的な色彩が強い新聞記事や学術論文をいくつも拾うことができる。

たとえば、四川省の名門校である成都大学の副教授（准教授）・劉詠濤（リユウヨンタオ）が二〇一四年に発表した論文は、諸葛亮の南征について「中国西南部の各民族を、中国の全国人民と共通した自己認識を持つ中華民族共同体へと変えることを推し進めた」と評価している。

さらに彼いわく「諸葛亮の南中経営とその影響、および南中人民の諸葛亮に対する崇拝」は、「中国西南部辺境の各族人民の祖国と中華民族と中華文化に対する共感の自己認識を集中的に体現している」とのことだ。

三世紀の中国西南部の異民族を「南中人民」「中華民族共同体」と呼ぶことは、日本はもちろん、中国の**まとも**な歴史研究者の常識に照らしても違和感が大きい。同時代の日本列島の住人を「邪馬台国人民」「大和民族共同体」と呼ぶようなものだからだ。

しかし、これなどは序の口である。二〇二三年に発表された、雲南民族大学講師の姜南(ジャンナン)の論文は、諸葛亮の南征を「蜀漢分裂勢力の頑迷な抵抗とその野心を粉砕・消滅させ、真の意味での民族団結と祖国郷土の防衛の目的を実現した」と論じている。

また、二〇二〇年前後には別の研究者が「諸葛亮文化精神と社会主義核心価値観の結合性の研究」「諸葛亮精神を大学生の政治思想教育に注入するための私論」などといった論文を書いている例もある。なお、社会主義核心価値観とは現在の習近平政権下で提唱されている、中国人民が守るべき道徳的価値観のことだ。

これらの怪しい論文の著者は、多くが世間であまり名が知られていない若手の歴史研究者たちだ。力のない立場ゆえに、時勢に阿(おもね)ったトンデモ文章を書かざるを得ない気の毒な事情があるのかもしれない。

また、現在にはじまった話ではないが、『天下三分の計』は中華世界を切り分ける国家分裂主義ではないか」「いや最終的には中国の統一を目指していたので問題はない」といった、外国人の目には不毛としか思えない議論も、中国では長年にわたり絶えず繰り返されている。むしろ近年は、ネットニュースなどで通俗的な記事が増えたことで、一般人の間でもこの手の議論が広がっている気配さえある。

さらに「諸葛亮が勝ち目の薄い軍事行動（北伐）のために蜀の国力を消耗させた行動は愚忠（愚かな忠義）であり、軍事思想的にも正しくないので、『出師表』を学校で教えることはやめたほうがいい」といった主張も、定期的に蒸し返されて議論になっている。

日本人の感覚からすると、古典を学ぶ目的は、文学表現や時代背景を理解して教養を深めるためで、書かれた内容を無批判に受け入れるためではないように思う。だが、中国における古典は必ずしもそのようには扱われない。

好意的に解釈すれば、中国人は歴史人物や古典との距離感覚が日本人よりもずっと近く、自分たちの社会の延長線上にある存在として捉えている。だからこそ、諸葛亮についてもこうした話題が出てくるとも言える。

諸葛亮は約千八百年前の人物にもかかわらず、日本人の創作物のなかで渋谷のパリピにされてしまうほど身近な存在だ。しかし、中国においてもこれとは別の意味で、やはり近しい存在として生き続けているのである。

水滸伝――若者も読むべき「役に立つ」古典

なぜ中国では『水滸伝』が人気なのか

少不読水滸、老不読三国。
(若者は『水滸伝』を読むな、年寄りは『三国志演義』を読むな)

中国で古くから伝わる俗語である。明末清初の文芸評論家の金聖嘆の言葉ともいう。若者が『水滸伝』を読んではいけない理由は、血気盛んな年ごろで『水滸伝』の登場人物の豪快な思考や行動の影響を受けると、一朝事あれば蹶起せんと考える類の危ない人間になってしまい、世を乱してしまうからだという。

一方、老人が『三国志演義』を読んではいけないのは、権謀術数が渦巻く天下取りの物語に触れることで、年齢不相応の野望を抱いて陰謀を企むようになり、限られた余生を忙しくさせてしまうからだといわれる。

なお、この俗語は後世、「男不看西游、女不看紅楼」（男は『西遊記』を読むな、女は『紅楼夢』を読むな）という言葉が付け加えられた。男性が『西遊記』を読むと、三蔵法師のように浮世離れし、女性が切ないメロドラマの『紅楼夢』を読むと情緒不安定になっていけないのだというが、こちらは蛇足だろう。

さておき、中国でこの四作品の白話小説（明清時代の口語で書かれた小説）がいまなお高い人気を誇ることが伝わる話である。俗語に登場する各作品の順番は、そのまま人気の順と考えていい。なお、いわゆる「中国四大奇書」には『紅楼夢』の代わりに『金瓶梅』が入る。ただ、『金瓶梅』は情欲描写が多いため、一般には『紅楼夢』のほうが好まれる。

もっとも、「水滸伝→三国志演義→西遊記→紅楼夢」という人気の順番に違和感がある人もいるのではないだろうか。日本人の感覚からすれば、この四作品のなかで圧倒的な一位は『三国志演義』で、次が『西遊記』。『水滸伝』はせいぜい三番目で、前者二作品とは人気と知名度の双方で大きな差がある印象だ（さらに言えば、『紅楼夢』や『金瓶梅』の内容を詳しく知る日本人はほとんどいない）。

事実、マンガからゲームまで多様なメディア展開をみせている『三国志演義』は言うまでもなく、童話やドラマでお馴染みの『西遊記』と比べても、現代日本における『水滸伝』の存在感は薄い。

横山光輝のマンガ『水滸伝』は、同著者の『三国志』と比較すると知名度も作品の完成度もイマイチな印象である。北方謙三（きたかたけんぞう）の小説『水滸伝』は有名だが、北方流の大胆な解釈が施されており、やや読者を選ぶ。

念のためにフォローしておくと、『水滸伝』は前近代の日本では大人気で、滝沢馬琴（ばきん）の長編小説『南総里見八犬伝（なんそうさとみはっけんでん）』もその影響を強く受けた作品だった。ただ、残念ながら現代人の間では『八犬伝』自体があまり読まれていない。

しかし、中国人にとって『水滸伝』はいまなお親近感を持たれている作品だ。その人気の理由を考えることは、中国人の気質や社会の本質を理解するうえでも重要である。

多すぎる登場人物と過激すぎる描写

『水滸伝』は、北宋末期（十二世紀初頭）の中国を舞台に、天然の要塞・梁山泊に集結した一〇八人の豪傑たちの群像劇である。

主人公たる一〇八人は揃いも揃って英雄好漢……と書けば聞こえがいいが、実態は腐敗した王朝への反発や個人的事情（ただの犯罪行為を含む）から、お尋ね者に身を落としたアウトローたちだ。要するに盗賊か、せいぜい「義賊」と呼ぶべき人たちである。

物語のメインは、豪傑たちが梁山泊に集結していく過程を描いた部分だ。その後、忠義に目覚めた彼らが、北宋王朝のために河北の田虎、淮西の王慶、江南の方臘らの反乱軍と戦うエピソードが、やや蛇足気味に付け加えられた構成となっている。

『水滸伝』の登場人物は、梁山泊の総首領である〝及時雨〟宋江以下、軍師格の〝智多星〟呉用、禁軍（近衛軍）の元教頭だった〝豹子頭〟林冲、刺青を入れた力自慢の〝花和尚〟魯智深、トラを素手で倒した〝行者〟武松、二挺の斧を振り回す暴れ者の〝黒旋風〟李逵らが代表的だ。

知名度の高い人物ではさらに、弓の名手の花栄(かえい)、道士の公孫勝(こうそんしょう)、後周王朝の末裔の柴進(さいしん)、高速移動能力を持つ戴宗(たいそう)、もとは官軍のエリート武官だった〝青面獣(せいめんじゅう)〟楊志(ようし)、物語の最初に登場する〝九紋龍(くもんりゅう)〟史進(ししん)、女性頭領の美人剣士〝一丈青(いちじょうせい)〟扈三娘(こさんじょう)などもいる――。

人名を列挙しただけでも察せられるように、現代の日本で『水滸伝』が人気のコンテンツとして成立しにくい一因は、おそらく個性の強い登場人物が多すぎることにある。

三国志も同じく群像劇だが、劉備や諸葛亮のようなストーリーの「核」がいるため、読者が最低限覚えておくべき重要人物の数は意外と多くない。

一方で『水滸伝』の場合、設定のうえでは同程度の重量を持つ人物が一〇八人（梁山泊内でのランクが高い「天罡星(てんこうせい)」だけで三六人）もおり、しかも彼らが同時に動き回る。人物が多すぎることで「キャラかぶり」があったり、序盤に活躍した人物が途中から影が薄くなったり、ほとんど描写されないまま戦死する場合があったりと、物語の構造の粗さもある。

加えて登場人物の大部分が実質的な犯罪者だけに、その行動が現代的なモラルや人権感覚からは受け入れがたいという問題もある。

たとえば、女性頭領の一人である孫二娘(そんじじょう)はもともと居酒屋の経営者で、旅人を殺して金品を奪い、その遺体を肉まんにしてほかの客に食べさせていた人物だ。

また、人気の高いキャラクターである李逵は女性や未成年者でも平気でぶち殺す殺人マニアで、同じく人気の武松も、兄を殺された腹いせに資産家の西門慶(さいもんけい)の家人を無関係な人物まで皆殺しにしている。リーダーの宋江、ヒーロー的な描写が多い林冲や魯智深らも、戦場以外の場所で殺人を犯している。

こうした前近代の中国基準の「やんちゃ」な人たちの描写は、中国の読者が読めばユーモラスだったり痛快だったりする。私たちが映画館で、ゴジラの都市破壊を喜んで見る心理とも、やや近いのだろう。

だが、現代人の良識に照らせば違和感があるのも確かだ。ほかならぬ中国においても、近年は『水滸伝』のジェンダー描写や残酷描写が問題視され、教育の場で読ませるべきではないという意見も出るようになっている。

『水滸伝』はビジネスに役立つ?

しかし、それでも『水滸伝』は中国において重要なコンテンツだ。なかでも近年目立つのが、なんとビジネスの側面から『水滸伝』を取り上げる言説である。

たとえば、中国の検索エンジンで、企業マネジメントや人材開発に関連するキーワードと「水滸」を組み合わせて検索すると無数の結果が引っかかる。


「『水滸伝』における企業経営マネジメントの道」

「『水滸伝』の宋江は企業マネジメントの視点からどう考えるべきか」

「『水滸伝』宋江の人材活用術」


いずれも記事の内容は薄く、梁山泊における出自を問わない人材の登用や、「義」の意識で貫かれた組織文化を称賛するといった、ありきたりな内容が目立つ。

だが、『水滸伝』を組織論として読む発想が、中国ではごく自然らしいことはわかる。理由はおそらく、『水滸伝』の梁山泊の組織やそのメンバーの描写が、他の古典作品と比べても、現実の中国人の組織や行動のパターンとして圧倒的なリアリティがあるからだ。

これは他の作品に登場する組織と比較するとわかりやすい。

たとえば、『三国志演義』の蜀は、「漢の再興」を目指す劉備のもとに集った、忠誠心に篤い諸将の集団だ。『西遊記』の三蔵法師一行についても「天竺に経典を取りに行く」という明確な目標と、高位の存在である観音菩薩の命令という逆らえない事情がある。

つまり、劉備チームも三蔵法師チームも、目的意識を持った立派なリーダーのもとに明確な上下関係が存在し、協力してミッションを達成するモチベーションを持つ人たちが自発的に集まっている。そういう設定を与えられた理想的な組織なのである。

一方、『水滸伝』の梁山泊に、組織としての明確な目的はない。「王朝への忠義」は、集団の規模が大きくなってから後付け的に唱えられただけだ。リーダーの宋江も、『演義』の劉備や三蔵法師のような聖人君子タイプの人物ではない。

『水滸伝』の一〇八人の英雄豪傑はそれぞれ我の強いお山の大将で、個人的な義理人情の枠を超えて組織や国家のために働こうという意識はあまりない。梁山泊を選んだ志望動機も、積極的に惹かれて加入したというより、「仲のいい人（義兄弟）がいるから」「罪を犯して逃げ場がないから」といった個人的かつ場当たり的なものが多く、組織の上下関係もゆるい。

だが、これは中国のローカルな社会で仕事をした経験がある人なら「あるある」と感じる話だろう。中国の一般労働者は、上司の個人的な子分でもない限りは組織に対する忠誠心が弱く、自己都合ですぐに転職する。入社理由にも、日本の就活生のような熱っぽさはまるでなく、その時点の自分のレベルに応じて入れるところに入っただけだ。

中国には「一個中国人是条龍、三個中国人是条虫」（中国人は一人ならば龍だが、三人寄ると虫になる）という俗語がある。個々人の能力は高くてもチームプレーが苦手な中国人の特徴を表す言葉だ（これは自国のサッカーナショナルチームが弱い理由としても、中国人自身の間でよく語られる話である）。

『水滸伝』は小説とはいえ、好き勝手に振る舞う個性の強い豪傑たちが、明確な理念もなく集まった梁山泊という非常に中国的な組織を、リーダーの宋江がそれなりにまとめて一定の成果をあげた貴重なケーススタディとして読めるのだ。

確かに、学べるものは多そうである。

毛沢東の〝お気に入り〟だった李逵

現代中国と『水滸伝』の関わりを論じるうえで欠かせないのが「政治」の話だ。とりわけ重要なのが毛沢東との関係である。

中国の伝統文学を好んだ毛沢東は、一九三七年に発表した『矛盾論』や、中華人民共和国の成立前夜に発表した『人民民主専制を論ず』など、主要な論文や演説でしばしば『水滸伝』を引用したことで知られている。

「李逵は私の路線と違わぬ人物だ。私の見るところ、李逵・武松・魯智深の三人は中国共産党に入ってよい。誰も入党推薦人にならないなら、私がなろうじゃないか」

一九五九年八月に開かれた党第八期八中全会で、毛沢東は冗談めかしてこう述べている。彼が言及した三人は、梁山泊でも最も粗野な武闘派で、イデオロギーや打算ではなく個人的な義気から宋江に最後までついていった豪傑たちである。

毛沢東がこの発言を残した会議は、大躍進政策の失敗により実権を失いつつあった彼が、自身を批判した彭徳懐を失脚に追い込み意趣返しをしたことで後世に知られている（廬山会議）。長年の部下をあっさり切り捨てる毛沢東の行動は、この廬山会議あたりから顕著になり、やがて七年後の文化大革命で爆発することになった。

向こう見ずで荒っぽく、理屈を言わず主君に愚直な忠誠を捧げるタイプの手下を求めた毛沢東は、文革において劉少奇や鄧小平らの実権派（走資派）を追い落とし、奪権に成功している。このとき彼が武器にしたのは、まさに李逵のように、無関係な人間まで巻き込む暴力性を発揮してでも、毛沢東に徹底した忠誠を誓う紅衛兵たちだった。

やがて毛沢東は最晩年になり、お気に入りの作品である『水滸伝』すら切り捨てる行動に出る。これは半世紀近く前の出来事ながら、中国共産党の気質を考えるうえでも参考になるので、少し詳しくまとめておこう。

「投降派」宋江を批判せよ

中華人民共和国の成立から一九七〇年代まで、中国の歴史学や文学は社会主義イデオロギーの強い圧力を受けた。黄巾（こうきん）の乱や太平天国の乱といった中国史上の反乱の多くは「農民起義（ノンミンチイイー）」（農民階級による革命的蜂起）であると規定され、肯定的な評価を受けるのが通例だった。

そのため、『水滸伝』にも高い評価が与えられてきた。封建的支配階級の残酷で醜悪な支配の実態を暴露し、それに立ち向かう人民の姿を描いた革命的作品だという理屈である。

だが、一九七五年八月にその評価が覆る。

毛沢東が『水滸伝』について「反面教材として、人民に投降派について知らしめよ」という負の評価の談話を発表したことで、猛烈な批判キャンペーンがはじまったのだ。

毛沢東の『水滸伝』批判は、総首領の宋江が腐敗官吏にのみ反抗して北宋王朝の皇帝に逆らわなかったことを問題視し、さらに物語の後半で王朝に帰順した行為を「投降派」で「修正主義者」的であると指摘するものだった。また、梁山泊がもう一つの「農民起義」勢力であった方臘軍を鎮圧した行為は、革命に対する裏切りであるとみなされた——。

予備知識がない人が聞けば、何を言っているのかと首を傾げたくなる話だ。だが、毛沢東時代の中国では、歴史人物や文学作品の批判という形を取って、現実の権力闘争を仕掛ける行為がしばしばおこなわれた。

特に一九七〇年代中盤には、毛沢東夫人の江青（こうせい）らからなる文革推進派グループの「四人組」が、しばしばこの手法を使っている。

たとえば一九七四年に提唱された批林批孔（ひりんひこう）運動（林彪（りんぴょう）と孔子を批判する運動）は、孔子批判の形を借りて、江青らにとって目の上のコブだった実力者の周恩来（しゅうおんらい）を追い落とそうとする運動だった。

『水滸伝』批判も、文革当初に打倒されたのに復権を果たしていた鄧小平の打倒が目的だったとされる。事実、一九七六年春に鄧小平が再度失脚したあとには、「鄧小平は現代の宋江であり投降派である」と主張する論文が『人民日報』などに何本も掲載された。

もっとも、これらのこじつけ的な政治運動は、ほどなく毛沢東の死と四人組の失脚、鄧小平の再々復権といった情勢の変化を通じて沈静化する。

その後、中国では鄧小平が最高権力を握り、彼の死後も江沢民・胡錦濤がその路線を継いだ。江沢民と胡錦濤は仲が悪いイメージがあるが、ともに鄧小平に引き上げられた点では変わらず、文革的な政治闘争を嫌う傾向が強かった。

ゆえに、『水滸伝』のネガティブな評価も、いつの間にか「なかったこと」になった。

現在、中国の学術論文データベースや『人民網』（『人民日報』のウェブ版）などのサイト内を検索しても、『水滸伝』が政治的な文脈で言及されているケースはごく稀である。習近平の演説は古典の引用が多いことで知られるが、『水滸伝』は彼の好みに合わないのか、ほとんど言及されていない。

習近平政権で息を吹き返す文革的政治手法

かつての江沢民や胡錦濤とは違い、現在の最高権力者である習近平は、鄧小平の路線を踏襲することに冷淡である。そのため、これまで忌み嫌われた文革的な政治手法にもアレルギーがない。

歴史上の人物に対する批判の形を借りて政敵を攻撃するという、かつての批林批孔運動を連想させる手法も、近年の習近平政権下では復活しはじめた。

その最たる例が、二〇二二年六月に党規律検査委員会の系列メディアに掲載された「李丞相」を批判する記事だ。これは、秦の李斯（りし）と唐の李林甫（りりんぽ）という二人の「李」姓の宰相の利己主義的傾向や権力欲を批判する奇妙な内容の記事で、目的はどうやら、当時の国務院総理だった李克強（りこくきょう）への攻撃にあったらしい。本章の「諸葛孔明」の節でも述べたように、現代中国における総理は、王朝時代の「丞相」に相当する。

この「李丞相」記事は、海外のウォッチャーの間で話題になったせいかすぐに配信元のサイトから消えた。また、記事発表から約四カ月後の党大会で李克強の党最高指導部からの退出が決まり、さらに二〇二三年十月に彼が急死したことで、今後、蒸し返される可能性もほとんどない。

だが、現在の習近平体制下で、文革時代の伝統的な政敵の追い落としの手法が息を吹き返しつつあることは見て取れる。今後、似たような動きがないかは注視が必要だろう。

『水滸伝』は、中国社会や中国人の気質、組織を理解するうえで重要だ。一方、約半世紀前の『水滸伝』批判事件を知ることで、党内の権力闘争のわずかな兆候を拾い上げることもできる。

若者に『水滸伝』を読むな、と言うのはもったいない。同書は実に「役に立つ」古典なのである。

第二章

戦争

〔孫子／元寇／アヘン戦争〕

孫子（前五〇〇年頃）

二十一世紀にも通用する兵法書

「本気の戦争」に勝つためのリアリズム

『キングダム』や『蒼天航路』のような劇画系中国史マンガの魅力は、迫力のある戦闘シーンだ。

ただ、王騎（おうき）や呂布（りょふ）のような豪傑が敵兵をザクザクと惨殺する場面の陰で、直接の戦闘には参加しない軍師系のキャラクターが盛んに策を練る様子も、しばしば描かれる。策が的中すれば、ときに一騎当千の驍将（ぎょうしょう）の生命をも奪う。

この手の軍師キャラたちが決まって口にするのが「孫子の兵法」である。

ほとんど、現代のビジネス書の「東大式」や「マッキンゼー式」さながらにさまざまな状況で言及されているため、応用性の高いメソッドであるらしきことは見当がつくだろう。

事実、現代中国でも社会のさまざまな場面で孫子の兵法が引用される。儒教の教えに次いで、現代中国の政治や外交に最も影響を与えている思考パターンの一つだ。

『孫子』は、春秋時代末期に南方の長江下流域で勢威を張った呉（三国志の呉とは別の国）の将軍・孫武（孫子）の著作とされる書物である。

孫武は斉の出身だが、同じく他国（隣国の楚）生まれの宰相・伍子胥の推挙を受けて呉に仕えた。孫武は主君をよく補佐し、やがて伍子胥とともに大国の楚を破って、呉を一気に軍事強国に押し上げた。その後の呉と隣国の越との血みどろの抗争は「臥薪嘗胆」「呉越同舟」などさまざまな故事成語の由来にもなっている。

それまで、春秋時代の中原（中国中心部）の諸侯の戦いは「士」以上の身分の者しか参加できず、戦場の主役は馬で引く戦車だった。また、互いに勝負の日を事前に定めたり、代表者の決闘のみで勝敗を決めたりすることもあったほか、戦場で敵の準備不足や戦意の喪失を認めればあえて戦わない（敵軍が渡河を終えるまで攻撃を控えた「宋襄の仁」の故事は有名だ）など、戦争には儀礼的な要素が強かったとされる。戦闘の期間は短く、長距離の遠征も控えられがちだった。

だが、江南の異民族の国とされる呉はこうした牧歌的な戦い方をしなかった。そして、本来は非戦士階級である庶民を歩兵として大量に動員し、軍事的な成功を収めた。当時の他の諸侯は、たとえ戦争に勝っても相手の国を滅ぼさない傾向が強かったが、呉は敵国を撃滅するまで戦いを継続することがあった。

こうした本気の戦争に勝つための理論として求められたのが、戦いの現場から呪術や儀礼といった非合理的な要素を取り去り、自軍を確実に勝利させる「孫子の兵法」だった。

呉がおこなった非妥協的な戦争は、やがて戦国時代に入ると各国で採用された。その結果として、秦の始皇帝の全国統一（前二二一年）が達成されることとなる。

当時、孫武のように軍略を説いた思想家は「兵家（へいか）」と呼ばれた。のちに戦国時代の魏や楚で活躍した呉起（ごき）や、孫武の子孫で斉に仕えた孫臏（そんぴん）なども兵家に含まれる。

ちなみに、かつては孫武の実在に疑問が持たれ、『孫子』の作者は孫臏であるとする見解も根強かった。だが、一九七二年に山東省で史料となる竹簡（ちくかん）（文字を記した竹片）が出土し、孫武の実在が有力視されるようになった。なお、孫臏も別個に兵学の書を著しており、こちらは『孫臏兵法』（斉孫子）などと呼ばれている。

「戦わずして勝つ」戦争が最善

兵者国之大事也。（戦争は国家の大事業である）
兵者詭道也。（戦争は敵をあざむく行為である）

それまでの戦争のあり方を否定した『孫子』の独創性は、冒頭の部分を読むだけでも伝わる。戦争は国の存亡を懸けた事業だけに、謀（はかりごと）をこらしてでも勝たなくてはならないのだ。一方、『孫子』の大きな特徴は、戦争は国家目標を達成するための一手段であると割り切る姿勢――。すなわち、軍事の書でありながら戦争の価値を絶対視せず、好戦的な内容とはなっていないことだ。

『孫子』はその書中で、戦争は国家財政を疲弊させる弊害多きものであると指摘し、いざ戦う場合は事前に綿密な計算（廟算（びょうさん））を尽くしたうえで短期決戦に徹するべきだと説く。もちろん補給も重要だ。ゆえに、費用と時間のかかる城攻めは、ほかに方法がないときの最後の手段であって推奨されない。

こうした戦争観に立つならば、なにより望ましいのは実際には戦わずに国家の目標を達成することだ。それを示すのが、以下の有名な一節である。

百戦百勝、非善之善者也。（戦って百戦百勝することは最善とは言えない）
不戦而屈人之兵、善之善者也。（戦わずに相手を降伏させる戦争こそが最善である）

武力を用いず敵を破るには、戦闘とは別の方法で敵を弱体化させ、相手が目的を遂げないようにする必要がある。

そのために『孫子』は、各種の手段で敵の行動や意思決定をコントロールし、外交を活用して自国に有利な国際情勢をつくり上げ、敵の内情を収集するためのスパイ活動を重視する策を説いている。

必勝の体制をつくるためには、軍事の素人である君主が現場に口出しするマイクロマネジメントは厳禁だ。個人の英雄的行動に頼るのではなく、どんな兵士を率いても勝てる組織をつくる必要もある――。

紀元前の書物であるはずの『孫子』のリアリズムは、二十一世紀の現代人の目で読んでも頷けるものが多い。

孫子、曹操、毛沢東、習近平

後漢末、三国志で有名な曹操は『孫子』がお気に入りで、自らテキストを整理して注釈を加えたほどだった（『魏武注孫子』）。武人の登用試験である武科挙（ぶかきょ）においても、『孫子』のテキストはよく出題された。

だが、儒教の影響が強い伝統中国の社会では、文事を重んじて武事を卑しむ風潮が強く、『孫子』は士大夫（したいふ）（儒教的知識人）からはあまり好まれない書物だったのも確かだった。

そうした評価が変わったのは、実は二十世紀になってからである。毛沢東の軍事戦略のなかに『孫子』の影響がみられ、ゆえに再評価が進んだのだ。

たとえば、一九二九年に毛沢東が提唱した中国工農紅軍（人民解放軍の前身）の基本戦術「十六字訣（けつ）」と、『孫子』の「計篇」の本文をそれぞれ並べてみよう。

敵進我退、敵駐我擾、敵疲我打、敵退我追。（敵が向かってくれば退却し、敵が駐留していればかき乱し、敵が疲れれば攻撃し、敵が退却すれば追撃する）「十六字訣」

利而誘之、乱而取之、実而備之……。（敵が利益を欲しがっていればそれをエサに誘い出し、敵が混乱していればその戦力を奪い、敵の戦力が充実していれば防備を固め……）『孫子』「計篇」

その表現も含めて、そっくりな戦略である。

毛沢東の紅軍は、敵の国民党軍よりも絶対的な兵数が劣っていた。ゆえに、敵軍を少数部隊にバラけさせてこちらに有利な場所に深く誘い込み、そこで自軍の兵力を集中させて叩くことで、個々の戦場における相対的な兵数優位を確保して戦う戦法を取った。これも『孫子』の「虚実篇」に登場する「能く寡を以て衆を撃つ者」の記述と酷似している。

次の鄧小平の時代に、まだ国力が低かった中国が採用した韜光養晦（対外的な積極策に出ずに力を蓄えて機を待つ外交戦略）や、近年の尖閣諸島近海や南シナ海で中国の公船がおこなっているサラミスライス戦術（離島の周辺海域に少しずつ進出して既成事実を積み重ねる手法）も、『孫子』の影響が否定できない。相手と自分の実力差を正確に認識したり、自己の実力を隠したり、相手の無防備な場所を狙って攻めたりするのは、孫子の兵法における基本中の基本だからだ。

ほか、こちらは多分に名を借りただけという感じだが、中国国営放送ＣＣＴＶが二〇二〇年四月に「習近平の対コロナ兵法　彼を知り己を知れば百戦殆(あやう)からず」と題したウェブ特集を配信している。

当時はちょうど、新型コロナウイルスが日本を含む海外に広まりはじめた一方で、中国が最初の感染爆発を鎮圧し、ひとまず感染者がほとんど出ない状況になった時期にあたる。ゆえに、コロナとの人民戦争に勝利した習近平を孫子になぞらえる「習兵法」のプロパガンダが登場したのだ。

もっとも、中国はその後も二〇二二年春ごろまでゼロコロナ政策を成功させたものの、都市の強制ロックダウンや全国民の生活利便性を犠牲にした防疫政策が繰り返され、ウイルスに対する全面勝利を主張するには時期尚早な状況が続いた。そのためか、「習兵法」のプロパガンダは、比較的短期間で聞かれなくなってしまった。

孫子の兵法で反体制暴動を鎮圧せよ

現代中国で面白いのは、軍隊以外の国家機関でも孫子の兵法が提唱されていることだ。なかでも多いのが公安部門である（なお、日本語の「公安」はインテリジェンス部門だけを指すが、中国の場合は刑事や交通なども含めた警察全体が「公安(ゴンアン)」と呼ばれる）。

中国の論文検索サイトで「孫子兵法　公安」とサーチすると、警察関係者の論文を中心に五〇件あまりが引っかかる。ざっと眺めると、たとえば当局の国民管理が脆弱(ぜいじゃく)だった胡錦濤政権時代の末期は、群体性事件（庶民によるデモや暴動）が年間で数十万件も起きていた時期であるためか、国内治安維持に『孫子』を活用しようという提言が目立つ。

たとえば二〇一三年十二月の辛昊(シンハオ)という人物の論文だ。

こちらでは「群体性事件の処理はむやみな力押しを避け、法的正当性や道義・力・心理などの各面で抗議者よりも優勢になることで相手の戦意をくじけ」といった群衆鎮圧術が、『孫子』の「謀攻篇」や「虚実篇」の記述に基づいて論じられている。同テーマの他の論文も、抗議者たちと戦わずに勝て、事前に勝てる体制をつくり現場の主導権を握れ、といった論調で孫子の兵法の活用を提案するものが多い。

もっと面白いのは、二〇二三年一月に発表された『孫子』の「用間篇（ようかん）」に関連する論文だ。用間とはスパイのことである。

この研究には、福建省習近平新時代中国特色社会主義思想研究センターという組織から、サイバー・ディスインフォメーション研究の名目で資金が提供されている。筆頭著者の周（ヂヨウ）家駒（ジャージュイ）は中国人民公安大学の国家安全学院に所属する人物だ。

中国語でいう「国家安全」は、ほぼインテリジェンス分野を指す概念である。

つまりこの論文は、中国のスパイ研究機関の内部の人物が、ほぼ公費による研究を通じて、『孫子』が教えるスパイ活用論を現実の情報工作に応用する方法を論じた文書なのだ。

日本人の相次ぐ拘束は「用間篇」のせい？

論文の主な提言内容を、以下に箇条書きで挙げよう。

- いかなる情報源も疎かにしてはならない。

・ただし、単一の情報源に依拠してはならない。
・制度的に保証された高度な諜報システムを確立せよ。
・賢い人間をスパイにせよ。
・スパイには十分な報酬を与えよ。
・機密保持のためには、作戦指導者と個人的に親しい人物をスパイにするのが望ましい。

最後の項目は、コネが重視される中国ならではだ。

ちなみに、近年は福建系の公安組織が国際インテリジェンスの舞台で活発に活動する例が多い（この論文の研究資金の提供元も福建省の機関だ）。

二〇二三年、日本の秋葉原に設置が確認された中国警察の海外拠点（通称「海外派出所」）も福建省福州市公安局の傘下である。福建省はかつて習近平が約二十年も勤務した土地で、彼やその寵臣の蔡奇（ツァイチィ）（党内序列五位。福建省出身で国家安全委員会主任）らにとって「親しい人物」が多いため、諜報活動の窓口として使いやすいのだと考えられる。

ところで、『孫子』の「用間篇」はスパイ活動を因間（敵国の民間協力者の利用）、内間（敵国の官吏の協力者の利用）、反間（敵国のスパイの逆利用）、死間（自国のスパイを通じて敵国を動かす情報活動）、生間（敵国に繰り返し潜入する情報活動）の五種類に分けている。

論文の著者の周家駒たちは、五種類のうち「反間」を最も重視せよとも述べている。

つまり、敵国のスパイを買収して、そこから敵国の意図を知ったり協力者を増やしたりする戦略のことだ。現実の運用では、買収まではできなくとも、敵側のスパイ網に連なる人物を摘発・拘束して情報を得ることも含まれるだろう。

中国は二〇一四年に反スパイ法を施行して以降、理由を明確に説明しない形でしばしば外国人を拘束している。日本人も、少なくとも一七人が拘束された。日本側の報道によれば、被害者の一部は日本のインテリジェンス機関である公安調査庁の協力者だったとされる。

通常、インテリジェンスの世界における軽度のスパイは「お互い様」なので、捕まえずに泳がせるのが不文律だという。それを破る形での摘発が相次いでいるのは、近年の中国の公安部なり国家安全部なりで、『孫子』の反間が意識されているせいかもしれない。

中国版ハイブリッド戦争と『孫子』

最後に再び軍事の話に戻ろう。

近年、中国やロシアなどの権威主義諸国に対する国際的な警戒感が高まるなかで、注目を集めているのが、こうした国家によるディスインフォメーションと呼ばれる攻撃手法だ。

これは、意図的に誤情報を流布（るふ）することで、西側諸国の世論を混乱させたり社会の分断を煽（あお）ったりする情報工作のことである。ロシアが二〇一四年のクリミア危機の際に実際の軍事行動と並行して実施し、成果をあげたことでも知られている（ハイブリッド戦争）。

敵国民の認知領域のコントロールを狙う情報工作は、中国では「認知作戦（レンヂーヅオヂャン）」（認知戦）と呼ぶ。近年は特に台湾を対象に、各種のＳＮＳを利用したネット世論工作が盛んだ。

二〇二三年以降、台湾側で認知戦研究をおこなう複数のシンクタンクに私が取材したところでは、たとえばコロナ禍（か）の際にはウイルスのアメリカ起源説や台湾の国産ワクチン「高端疫苗（ガオドゥアンイーミャオ）」への疑念を煽る情報、さらには台湾有事にあたって米軍は助けに来ないとする言説や、世界最大の半導体ファウンドリである台湾企業・ＴＳＭＣ（台積電（タイジーディエン））を中国に渡さないために米軍が同社を破壊するといったデマが、中国から盛んに流されているという。

中国による認知戦の発想のバックボーンは、江沢民政権下の二〇〇三年に提唱された「三戦（サンヂャン）」という作戦概念だ。具体的には以下の三点に基づいている。

- 輿論戦：メディアなどを通じて有利な世論環境をつくる工作。
- 心理戦：敵を精神的に瓦解させたり、同盟国との離間を狙ったりする工作。
- 法律戦：法律（国際法や相手国の法律も含む）を利用し、自国に有利な環境をつくる工作。

三戦はこれらの非軍事的な手段を戦略レベルで運用し、「戦わずして勝つ」ことを狙う作戦である。輿論戦と心理戦の延長にあるのが、いま台湾に矛先が向いている認知戦だと考えていい。

人民解放軍が、『孫子』を下敷きにこれらの作戦を立てているのは明らかだ。

たとえば『孫子』「謀攻篇」には、以下のような記述がある。

上兵伐謀、其次伐交、其次伐兵、其下攻城。（最善の策は敵の軍事計画自体を撤回させること、次善の策は敵の同盟外交を破壊すること、その次の策が現実の軍事行動、下策が城攻めである）

ちなみに、台湾で中華民国国防部（防衛省に相当）の広報担当者や国防白書を執筆した軍事学者に話を聞く限り、彼らは人民解放軍がいきなり大規模な上陸侵攻作戦をおこなってく

2023年1月11日、私が台湾・高雄の陸軍基地で取材した、中華民国陸軍の定例公開訓練。台湾南部の都市にヘリボーン強襲をかけた人民解放軍の少数部隊を、台湾側がドローンと地上兵力を用いて殲滅するという「台湾有事」に備えた設定で、手前のヘルメット姿の兵士たちが敵軍の役。安田峰俊撮影

るリスクはあまり心配していない。初手から台湾島の「城攻め」を選ぶような用兵は、孫子の兵法に照らせば明らかな下策であり、常識的にみて他の戦略が優先されると判断できるためだ。

中国の「謀を伐つ」「交を伐つ」認知戦を通じて、民主主義国家である台湾の世論が不安のあまり自国不信・対米不信に陥り、中国による併呑をやむなしとする認識が広がってしまう事態のほうを、台湾当局ははるかに懸念しているようである。

ただし、楽観視ばかりもできない。

中国の軍事戦略の根底に孫子の兵法があるとしても、為政者や将軍たちが必ず

クレバーな意思決定をおこなえるとは限らないからだ。事実、過去の大日本帝国の軍人にも『孫子』の愛読者は多かったが、現実の彼らは兵法の禁じ手である情報の軽視や長期出兵を繰り返し、自国を敗北させている。

近年の中国でも、外交官が西側に対して強硬な言説ばかりを述べる戦狼外交や、政府系メディアがアメリカは恐るに足らずとする主張を繰り返す現象がある。これは「彼を知り己を知れば百戦殆からず」の思想とは真逆のものだ。『孫子』と身近に接していても、冷静にものを考えて実践できる人は限られている、ということかもしれない。

もっとも、多くの凡人の発想がそうだからこそ、孫子の兵法は二十一世紀の現代でも通用するともいえるのだ。

元寇（一二七四年・一二八一年）

「他人事」として忘れられた軍事行動

日本人にとって「の」大事件

元寇を知らない日本人はほとんどいないだろう。小学六年生の学習指導要領にも記載されており、我が国で義務教育を受けた人は誰もが耳にする歴史用語だ。

蛇足を承知で説明すれば、一二七四年（文永十一年）と一二八一年（弘安四年）の二度にわたり、大元（だいげん）ウルスのフビライ・ハーンの命令を受けた軍隊が日本の北九州を攻撃した事件である。大元ウルスはモンゴル人の国家だが、当時は中国も支配していたため、こんにちの日本や中国では「元」と中華王朝風に呼ぶことが多い。

元はまず、第一次侵攻（文永の役）で数万人のモンゴル・高麗（こうらい）連合軍を朝鮮半島経由で送り込んだ。ただ、この時期の元は中国南部の南宋をまだ滅ぼせておらず、日本侵攻は南宋への牽制を兼ねた大規模な威力偵察としての側面が強かったとされる。

一方で第二次侵攻（弘安の役）は、第一次と同じ朝鮮半島からの東路軍に加えて、南宋の滅亡で接収された漢人兵士を主体に構成された江南軍も、東シナ海を経由して送り込まれた。元側の兵力は東路軍と江南軍の合計で十数万人以上にのぼったとみられ、本気で日本征服を念頭に置いた陣容だった。

元はさらに第三次侵攻も計画したが、内紛などで結果的に中止した。一方、日本側も鎌倉武士団の奮戦で防衛に成功したものの、対外戦争の負担は鎌倉幕府が滅びる遠因になった。これが元寇のあらましである。

元寇は現代においても、日本人にとっての大事件として記憶されている。

なにより、国土に上陸してきた他国の正規軍と大規模な地上戦が起きた事態は、歴史上で元寇と第二次世界大戦だけなのだ（十一世紀の刀伊（とい）の入寇や十五世紀の応永の外寇など、小規模な対外紛争はほかにもある）。

しかも、第二次世界大戦の場合は地上戦の舞台が沖縄と樺太・千島だったが、元寇は日本本土（内地）で戦われた国土防衛戦争である。開戦前に日本側の外交的失敗があったとはいえ、相手側から突然侵略された事態も、元寇がほぼ唯一だ。

仮に敗北していた場合、日本の国家体制や日本人の生活習慣は、この時期を境に大きく変わった可能性が高い。天皇家が存続できたかも疑わしいところだ。

元寇は危うい勝利だっただけに、その後の日本人に変な自信をつけさせた面もあった。元軍が二回とも暴風雨で大打撃を受けたことは、第二次世界大戦中に神国日本のイデオロギーや神風特攻隊が誕生する遠因にもなっている。

さまざまな意味で、元寇はその後の日本国家や日本人のありかたに大きな影響を与えたのだ。

中国人は元寇を知らない

一方、中国である。

当時の彼らはモンゴルに征服された立場とはいえ、中国は後世でも元朝を中華王朝の正統に位置づけている。中国共産党は、国内に約六二九万人いる「少数民族」モンゴル族を中華

2015年8月、中国の内モンゴル自治区シリンゴル盟。モンゴル族が草原で宴会を楽しむために設置された、商業用のゲルの内部に掲げられていたフビライの肖像画。安田峰俊撮影

民族の一部であると主張しており、そのためチンギス・ハン以下のモンゴル帝国の皇帝たちも中華民族の英雄ということになっている。

この定義に従う限り、元寇は中国の自国史の一部である。ただ、「元寇」という言葉は日本側の呼称なので、漢字でこう書いても意味がわかる中国人はほぼいない——。

いや、問題は国による呼称の違いではない。

実は、中国側で用いられる「元日戦争（ユエンリーヂャンヂエン）」（元と日本の戦争）や「元朝東征（ユエンチャオドンヂエン）」（元の東方征服）と書いたところで、やはり大部分の中国人はピンとこない。理由は彼らの間でこの戦争の知名度が極めて低いためだ。

日本国内にいる大学院生レベルの中国人留学生に尋ねても、元と日本が戦った歴史を「来日

後に初めて知った」と答える人が目立つ。中国国内の公教育でほぼ習わないうえ、中国の若者の約半分が受験する高考（大学共通入試）の歴史科目でも出題されないことから、高学歴層の間ですらほとんど知られていないのだ。

加えて、元寇当時の元朝、すなわち大元ウルスは、初代のチンギス以来の対外拡張方針をまだ継続している時代だった。フビライは中国南部（南宋）と日本以外にも、現代の地名でいう北ベトナム（陳朝）と南ベトナム（チャンパー王国）、ミャンマー（パガン朝）、インドネシア（マジャパヒト王国）、さらに樺太のアイヌらしき集団（骨嵬）にも遠征軍を送っている。

無数に実施された遠征の矛先に、日本が含まれていたかが気になるのは日本人だけだ。たとえ同じ「中華民族」の行動でも、漢民族にとっての征服者だったフビライが他にどこの国の攻撃を命じていたかは、圧倒的多数の中国人にとって関心の枠外にある。

アカデミックの世界においてさえ、元寇への関心は比較的低調だ。

中国の学術論文検索データベースである『CNKI』（中国知網）で「元日戦争」や「元朝東征」を検索すると、それぞれ六件と一四件しかヒットしない。「フビライ＋日本」のように検索ワードを工夫すれば、もっと多くの論文が見つかるため、学界の関心はゼロではないはずだが、戦役の学術的な呼称さえろくに定着していない現状は察せられる。

一連の論文をチェックしてみると、習近平政権下で学術研究の制限が強まった二〇一〇年代半ばごろから、戦役の実情や元側の内部的な事情を考察する内容が減り、元寇の日本側における受け止め方を論じるといった「搦め手」からの切り口が目立つようになる。

中国は公教育のなかで「中国は歴史上で一度も他国を侵略したことがない」「世界で最も平和を好む国」という（どの口が言うのかと思える）歴史認識を教え続けており、外交部の定例記者会見でもこの主張を繰り返している。習近平についても、「中華民族の血のなかに、他者を侵略して覇道を唱えるような遺伝子はいまだかつて存在したことがない」と述べているほどだ（二〇二一年十月九日、辛亥革命百十周年記念大会講話）。

たとえ七百年以上前のモンゴル人の皇帝の行動でも、「中華民族」の王朝が明確に他国を侵略した事実を詳しく掘り下げる研究は、現体制下では政治的にあまり喜ばれないのだと思われる。

ただし余談を書けば、中国のウェブ百科事典『百度百科』の「元日戦争」の記事は、なぜか筆致がかなり客観的で、内容も充実している。世間の無関心や政治的な締め付けの陰で、日本史や日本側の元寇研究にも目配りのある研究者が、記事をこっそりと執筆して憂さを晴らしたのかもしれない。

マンガとゲームで事件を知る中国人

前近代において、中国と日本が戦火を交えた大規模な戦争は三つある。

すなわち、六六三年に唐・新羅（しらぎ）連合軍が朝鮮半島南部で日本・百済（くだら）連合軍を撃破した白村江（はくすきのえ）の戦い（白江口之戦（バイジャンコウヂーヂャン））と、十三世紀の元寇、さらに一五九二年と一五九七年に豊臣秀吉によっておこなわれた文禄・慶長の役（万暦朝鮮戦争（ワンリーチャオシエンヂャンヂエン））だ。文禄・慶長の役の戦場は朝鮮半島だが、李氏朝鮮の宗主国である明朝が軍事介入をおこなった。

一方、この三戦役の中国での受け止め方は温度差がある。

まず白村江の戦いは、元寇以上に知名度が低く、世間でほとんど知られていない。

対して文禄・慶長の役は、日本のアジア侵略に抵抗した中国（および朝鮮）という構図を描きやすいためか、二〇一五年に中国国営放送局CCTVが全五回の大型歴史ドキュメンタリー（韓国側との合作）を放送するなど、注目度が高い。

万暦（ばんれき）年間の明朝は、朝鮮半島への介入をはじめとした対外戦争（万暦の三大征）で国力を消耗し、王朝が滅ぶ遠因を作った。ゆえに中国人から見た場合、彼らの側の歴史の流れにほぼ影響を与えなかった白村江の戦いや元寇と比べて、文禄・慶長の役は重要性が高い事件なのである。

もっとも、限られた層の話ながら、元寇の知名度は近年になり少しだけ向上した。

理由は日本のコンテンツの流入だ。

なかでも、二〇二〇年七月に発売されて全世界で九七三万本を売り上げたコンピューターゲーム『ゴースト・オブ・ツシマ』（ＧＯＴ）の影響は大きい。これは文永の役を主題とした珍しいゲームで、対馬島内をフィールドとして鎌倉武士が駆け回るオープンワールド型のアクションアドベンチャーだ。

対馬や元寇について「この作品で知った」という中国人ゲーマーはかなり多い。中国国内のゲーム情報サイトに「元寇について知ってみよう」と題した長編の記事が登場するなど、『ＧＯＴ』の効果は決して軽視できないようだ。

また、対馬における鎌倉武士の抗戦を描いた歴史マンガ『アンゴルモア　元寇合戦記』（たかぎ七彦、ＫＡＤＯＫＡＷＡ）も、日本で二〇一八年にアニメ化されたことで、中国でも一部で知られることになった。

作品の感想を話し合う中国のアニメファンのネット掲示板を見ると、「漢と匈奴の角逐や崖山(がいざん)の戦い（南宋が元に滅ぼされた戦い）のアニメを見てみたいが、中国でその手の内容は滅多に制作されない」といった嘆き節も見つかる。

『アンゴルモア』はアニメ版のクオリティがいまひとつだったためか、中国での人気に火がつかず、こうした議論もごく限られたマニアのみにとどまった。この点は惜しまれるところだ。

元は「中華王朝」だったのか

中国史において、元朝は異色の王朝だ。

歴史上、万里の長城の外からやってきて中国本土（漢民族の伝統的な居住地域）の全域を制圧した非漢民族王朝は、元朝と清朝だけである。だが、清朝は長い中国統治のなかで、支配層である満洲族が多数派の漢民族の言語や生活習慣を多く取り入れ、「中華王朝」らしい雰囲気を濃厚にまとうようになった。彼らは王朝の中期まで、漢民族の価値観では夷狄(いてき)（野蛮人）とされる自分たちがなぜ天命を受けて中華を統治しているのかを、なんとか理論化しようといじらしく努力した形跡もある。

一方、元朝の支配者だったモンゴル人たちの漢化は限定的だった。

そもそも、本質的にグローバル規模の存在だったモンゴル帝国にとっては、広大な中国本土ですら帝国のパーツでしかない。彼らはわざわざ中華に染まったり、統治の正当性を理論化したりする必然性を、清朝ほどには切実に感じていなかったように見える（切実になる前に元朝の中国支配が終わったからでもある）。

また、世界史の年表だけを眺めると、一三六八年の明の建国によって元が滅びたように見えるが、実際の彼らはこのとき中国本土を「損切り」して北方の本拠地に戻っただけだ。元朝の後継政権は、中華世界とは別物の強力な権威として、その後も草原世界で数百年にわたって存在し続けた。

後世の中国人は、約一世紀にわたり中国本土を支配した元朝を、中華王朝の正統に位置づけざるを得なかったが、モンゴル人の側はその評価にさほどの価値を覚えていない（現在、少数民族として中国国家に組み込まれた「モンゴル」族に限れば、自民族の地位向上につながるのでありがたいはずだが）。

こうした複雑な事情もあって、現代中国における元に関係した言説はどこかよそよそしい。中国史上で最大の版図（はんと）を実現したはずの「中華皇帝」フビライも、中国人の間では人気がない。中国の首都である北京の直接のルーツが、フビライが建設した元の首都の大都（だいと）であることも、あまり声高（こわだか）には語られない。

そんな微妙な感覚がうかがえる文章が、党の広報サイト『中国共産党新聞網』に掲載されたことがある。

二〇一六年七月七日付の、習近平の外交姿勢を讃える記事だ。その二年前の八月におこなわれた彼のモンゴル訪問を紹介するなかで、党のこの手の文章には珍しく、フビライや元寇に言及している。

ただ、記述はこのようなものである。

「日本の『神風』特攻隊の名称は、モンゴルと関係がある。約八百年前（原文ママ）、中国と朝鮮半島をすでに制圧したフビライは日本を攻撃することを決めたが、強大なモンゴル艦隊は突如として襲来した台風により打ち砕かれ、日本は安全を保つことができた。『神風』の名はこれに由来する。モンゴルがソ連の支配を脱してから、日本はほどなくモンゴルの密接な友人となり……」

自国史の話とは思えない他人事（ひとごと）感だ。

元朝を中華王朝として認めざるを得ないものの、対外侵略はモンゴル人がやったことで、中国とは無関係。そう言わんばかりの書き方に思えるのは私だけではあるまい。

「中国は歴史上で一度も他国を侵略したことがない」

そんなお約束を嘯（うそぶ）くためにも、現代中国にとって元朝の歴史は頭が痛い。

アヘン戦争（一八四〇～一八四二年）

「大きな赤ん坊」を生んだ近代中国のトラウマ

中国の暗黒時代である「近代」

——近代。

日本人と中国人で、この言葉から受ける印象がかなり異なるのはご存じだろうか。

日本人にとっての「近代」は、近代化、近代的、近代建築、近代思想……といった言葉からもわかるように、基本的にポジティブな響きがある。企業名や商品名で用いられることも多く、『近代麻雀』という麻雀雑誌もあるほどだ。

日本の近代はおおむね、明治維新から第二次世界大戦に敗戦するまでの期間である（その後は「現代」だ）。最後に大きなミソを付けたものの、「御一新（ごいっしん）」と文明開化の明るいムードではじまり、坂の上の雲を目指してアジアの一等国への道を駆け上った栄光の時代である。黒船来航というウエスタン・インパクト（西洋の衝撃）も、結果的に明るい時代の呼び水になったことで、負の印象を持っている日本人は少ない。

一方、現在の中華人民共和国の歴史観において、「近代」は一八四〇年のアヘン戦争から一九四九年の中華人民共和国の成立までの時期に相当する。日本よりも約三十年早くはじまったものの、おおむね同時代だ。

では、中国は近代をどういう時期だったと思っているのか。

「元寇」の節でも紹介した、二〇二一年十月九日の辛亥革命百十周年記念大会で習近平がおこなった講話から引用してみよう。

「一八四〇年のアヘン戦争以来、西洋列強諸国は中華の大地において好き勝手放題に振る舞い、また封建統治者たち（注：清朝）が軟弱無能であったことで、中国はどんどん半植民地半封建社会へと変わってしまった。国家は恥辱をこうむり、人民は苦難を味わい、中華文明は埃（ほこり）をかぶり、中国人民と中華民族は前代未聞の災厄を受けることとなった」

ここでいう「封建」は中国共産党用語で、「旧時代の王朝体制」程度の意味だ。講話はさらにこう続く。

「英雄的な中国人民は終始屈することはなく、滅びることなく生き抜かんとする道のりのなかで、たび重なる抵抗闘争と模索を続け、暴虐を恐れずたゆみなき奮闘努力を続ける頑強なる意思を示した。このときより、中華民族の偉大なる復興の実現は中華民族にとっての最も偉大なる夢となったのである」

文言が過激で、最後に現政権を象徴するスローガン「中華民族の偉大なる復興」が出てくる。ただ、こうした歴史認識自体は習近平のオリジナルではない。

前任の江沢民や胡錦濤も、さらには一九八〇年代の鄧小平も、各人なりの表現で似たようなことを言っているからだ。

彼らの主張の根底にあるのは、暗黒の時代だった近代を乗り越えて、中華人民共和国の輝かしい「現代」を迎えたという歴史観だ。加えていえば、現在の習近平政権が掲げる「中華民族の偉大なる復興」は、暗黒の近代に失われた世界に冠たる中華帝国の威望を、現体制下において取り戻すという含意がある。

ただ、党の見解はさておいても、中国の近代が「暗い時代」なのは間違いない。

十九世紀の半ば以降の清朝は、アヘン戦争・アロー戦争・清仏戦争・日清戦争と対外戦争に負け続けた。結果、国土の一部を植民地として割譲させられたり、租借地や租界をつくられたり、朝貢国を失ったりと、列強諸国によって主権や国家の誇りを甚だしく侵害された。財政は借款漬けになり、鉄道などの重要なインフラもしばしば外国に握られた。外的要因によって中国の社会経済環境が激変した結果、太平天国の乱や義和団の乱など大規模な反乱や民衆蜂起も発生した。

英領インドのような完全な植民地ではないが、古すぎる王朝のもとで外国に国土を瓜分(かぶん)され、内憂外患に苦しむ状態――。中国側の歴史観でいう「半植民地半封建」である。体制内の改革運動である戊戌変法(ぼじゅつへんぽう)も失敗してしまった。

一九一一年の辛亥革命で清朝が倒れ、アジアで最初の共和国として中華民国が成立したあとも、列強による主権侵害はなかなか改善せず、袁世凱(えんせいがい)の独裁と各地の軍閥割拠にも苦しんだ。やがて蔣介石(しょうかいせき)が国家を再統一したものの、ほどなく泥沼の国共内戦が起こり、さらに日本の侵略を受けて国土はいっそう荒廃する。戦後、腐敗と経済混乱で国民党政権が人心を失い、当初は戦力的に劣勢だった共産党が最終的に内戦に勝利したのはご存じの通りだ。

中国人にとって、これほどまでに悲惨な「近代」をもたらした忌むべき端緒(たんしょ)こそ、アヘン戦争である。

実のところ、近年の研究の進展によって、日本側の中国史学界ではアヘン戦争を単純に近代の画期だとは見なさない見解が強くなっている。だが、歴史の実態のいかんを問わず、現代中国の為政者や国民は、この戦争で近代が開始されたとシンプルに信じている。

アヘン戦争の負のイメージは、日本の黒船来航とは比較にならないほど色濃い。

「西洋に騙された」というトラウマ

戦争の経緯と結果を、簡単に整理しておこう。

満洲族の征服王朝だった清朝は、十八世紀後半に極盛期を迎え、旺盛な拡大活動によって台湾や新疆（しんきょう）を含むユーラシア東部の広大な範囲を支配した。外モンゴルを除いた清の最大版図は、現在の中華人民共和国の国土の領域とほぼ一致する。

彼らの統治は、長寿の皇帝だった乾隆（けんりゅう）帝の末期から徐々に緩んだ。ただ、十九世紀初頭の清のＧＤＰ（国内総生産）は世界経済の三割以上を占めていたとみられ、最強の帝国としての存在感は健在だった。地大物博を誇る中国は、ヨーロッパ船の来航を南方の広州一港に限定して許可する管理貿易体制を敷いていた。

そんな中国から、茶や絹織物を購入していたのがイギリスである。対してイギリスが中国に売っていた人気商品の一つが、英領インド産のアヘンだった。

結果、中学校の社会科でもお馴染みの、英・清・印の「三角貿易」が成立する（実態は教科書の図式とはやや違うようだが、ここではひとまず一般に理解されやすい説明をしておく）。

当時の外国人商人の間では、広州の正規の港湾を通じた貿易は各種の税負担が重いため、非正規港を利用して納税をスルーする小規模貿易が常態化していた。ゆえに、少量でも利幅が大きいアヘンはこの手の密貿易に向いた商品でもあった。アヘン戦争前夜の一八三八年には、年間で約四万箱（約四〇万人分）ものアヘンが中国に流入していたという。

一方、一八三〇年代の清国内では銀高による不況が起き、清朝はアヘンの密貿易による銀流出がその原因であると判断する。そのため朝廷は、欽差大臣（特命全権大臣）の林則徐を広東に派遣し、アヘンの摘発強化と没収アヘンの大量焼却といった措置を取らせた。

ただ、ここで対外トラブルが起きる。林則徐は一連の政策のなかで、広州のイギリス人商人にアヘンの持ち込み禁止の誓約を求めたのだが、商人側はこれに強く反発。イギリスの対中国貿易は停止状態に陥ってしまった。激怒したイギリスは、事態を打破するために砲艦外交に訴えることを決め、一八四〇年に戦端が開かれた――。

これがアヘン戦争である。

やがて、清朝の政策方針の一貫性のなさと火力の差、従来の長い太平からくる軍事戦略の稚拙さや対外戦争の経験の薄さ、満洲族支配への反発や密貿易の利益のために英軍に協力した漢民族の続出といった数多の要因が重なり、清は惨敗する。

一八四二年、清は南京条約を結ばされ、香港を植民地として割譲させられたほか、広州・福州・厦門・寧波・上海の五港を開港。従来の管理貿易体制を解体された。後年、現代中国を代表する都市に成長する香港や上海の歴史も、事実上このときからはじまる。

やがて、アメリカやフランスも同様の条約を清に押し付けた。中国は治外法権の容認と関税自主権の喪失という、十九世紀の西洋列強諸国がアジアの各国に仕掛けたお馴染みのパターンに絡め取られることになった。十四年後に勃発したアロー戦争でも清が敗北したことで、この構図は固定化する。

ちなみに、敗戦当時の清朝は、事態の深刻性をさほど認識していなかったといわれる。西洋諸国と結んだ不平等条約も、かつての匈奴やモンゴルが中華王朝の北辺に侵攻したときと同様、皇帝の徳にまつろわぬ化外の民への「恩典」のように考えていた節があった。

アヘン戦争は、そんな清朝にとって「気の毒」な事件だった。イギリス側の開戦理由は、議会でも根強い反対論が出るなど道義的な正当性に疑いがあった。清朝がオウンゴールを重ねた結果とはいえ、砲艦外交に屈した結果、国際ルールを十分に理解しない状態で不利な要求を呑まされた構図もあった。

その後、列強諸国は徐々に、清朝を与しやすい相手だとみなし、要求を積み重ねていく。彼らは「近代」を通じて、手練手管を用いて中国を騙し、国土を蚕食し続けた——。加害者の主役は、十九世紀のうちは英仏米露、二十世紀前半には日本である。

一方、中国側でも知識人を中心に危機を自覚する人が増えた。彼らは強い被害者意識を抱くと同時に、自国の「弱さ」が侮りを招いたのだと考えるようになった。現代まで続く中国の愛国主義の歴史はこうして始まる。

それが中国にとっての近代だった。

西側は中国を陥れようとしている

時代がずっと下って一九八九年、六四天安門事件が起きた。

中国共産党が人民解放軍の武力を使い、体制改革を求める民衆のデモを鎮圧した事件だ。

事件後、党が盛んに主張したのが「和平演変」という概念だった。

これはアメリカをはじめとした西側諸国が、基本的人権や議会制民主主義、自由主義といった美辞麗句を隠れ蓑に、武力を用いない方法で党体制の転覆を目論んでいるとする国際認識である。天安門の学生デモは、アメリカなどの外国勢力に扇動された反革命暴乱だったとする説明がなされ、事件直後にはそうしたプロパガンダが繰り返された。

事実、天安門事件前夜の中国国内では、西側各国のマスコミや情報機関が活発に活動し、一部はデモ隊を助ける行動を取っていた。学生グループには当時イギリス領だった香港から膨大な寄付金が流れ込み、運動の中心人物の亡命にも、アメリカや英領香港・フランスが大きく関与した。加えて当時は、東欧の社会主義体制が雪崩を打って崩壊しはじめた時期だ。和平演変の懸念は一定の根拠があった。

だが、中国の警戒心には別の理由もあった。天安門の民主化デモを応援した「西側先進国」は、かつて国土を蚕食した帝国主義の列強諸国とほぼイコールだったからだ。各国が「近代」に立ち戻り、結託して再び中国を陥れているという認識は、単なる妄想では片付けられない説得力があった。デモは外国勢力の扇動だったとするプロパガンダを、庶民のみならず元参加者の学生の一部ですら信じ込んだのは、そうした事情ゆえだった。

ただし、当時のこの考えはほどなく薄れた。武力鎮圧の当事者である鄧小平が、経済開放の継続を主張し、後継者の江沢民や胡錦濤も中国社会の自由化や国際化を進めたからだ。

経済発展一辺倒のムードのなかで、西側企業の対中投資は歓迎され、WTO（世界貿易機関）の加盟や北京オリンピックの開催誘致を背景に国際協調が唱えられた。

江沢民時代の二〇〇二年の党大会では、のちの習近平政権のスローガンになる「中華民族の偉大なる復興」がはじめて唱えられた。だが、この時点では世界に伍して中国を豊かにしていこうという、明るい掛け声としての意味合いが強かった。

次の胡錦濤時代になると、西側的な「自由・民主・人権」の概念を人類の普遍的な価値観（普世価値〈プウシージヤーヂイ〉）として認めて、中国もそれを受け入れようという「攻めた」意見まで力を持った。一時は政権もこれを容認しかけたほどだ。

結果的に「普世価値」の受け入れは保守派の反対で却下されている。また、チベット問題などで国際的な批判を受けるたび、中国が西側諸国に強く反発するのは相変わらずだった。ただ、社会の民主化や自由化を外国の陰謀だと考える和平演変論が、存在感を弱めていたのは確かである。

少なくとも、中国のまともな知識人は積極的に論じなくなっていた――。

コロナ対策に「失敗」した欧米を見下して得た自信

しかし、二〇一二年秋以降、こうしたユルい雰囲気は一変する。

習近平の総書記就任が決まった第十八回党大会から、「普世価値」に代わって「社会主義核心価値観」という中国（党体制下の中国）の独自の道徳が提唱され、街にプロパガンダ看板があふれるようになったのだ。

先進的な部分は西側諸国の方法も受け入れつつ、自国を立派にするという往年の姿勢も、中国自身のやり方を変えずに西側を追い抜く姿勢にスイッチする。中国が国際社会に合わせるよりも、強い中国に国際社会の側が合わせるべきだと開き直る風潮も強まった。

言論の自由の範囲が縮小し、メディアが党の礼賛一色になったことで、自国の正しさを確信してしまう国民も増えた。

とりわけ中国人に自信を持たせたのが、二〇〇八年（胡錦濤時代）の世界金融危機と、二〇二〇年のコロナ禍の際の欧米諸国の混乱だ。かつて仰ぎ見ていた諸国のぶざまな振る舞いを見た中国人には、当時の中国政府の対策のほうがよほど優れているように感じられたのである（もっとも、ゼロコロナ対策は二〇二二年に破綻してしまうのだが）。

一方、自信とともに頭をもたげたのが不安である。強くなった中国を邪魔するため、西側諸国が陰謀を企てているという被害妄想が生じたのだ。二〇一八年ごろから、アメリカが中国の台頭を警戒して米中対立が強まったことで、この不安はいっそう強まった。

習近平政権は西側諸国について、ゼロ年代に東欧諸国で起きた再民主化運動「カラー革命」（顔色革命（イエンセーガアミン））の扇動を、中国でも企図していると宣伝している。和平演変の現代版である。「二〇一九年の香港デモはアメリカの扇動で起きた」「新型コロナウイルスはアメリカから流入した」など、被害意識を煽る陰謀論的なプロパガンダも盛んに流された。

結果、その影響を強力に受けているのが近年の中国人だ。

中国の庶民の大部分は、コロナのアメリカ起源説を現在でも信じている。日本の福島原発の処理水排出についても、客観的データから安全性を確認できるにもかかわらず、中国当局は対日不信感を煽る情報発信を続けた。そのため、庶民が福島県内の民間の商店に嫌がらせの国際電話を掛けるような「意味不明」な行動に出るようになった。

「中国版のポリコレ（政治的正しさ）」に反しているとして、中国の世論が「辱華（ルウホア）」（中国への侮辱）を理由に外資系企業の広告などを吊し上げる現象も、根はこれと同じだ。二〇一九年の香港デモの時期、ティファニーの中国法人が、モデルが右目を隠したポーズの写真広告を使った（当時、香港の反体制派の間でたまたま似たポーズが流行していた）ことで批判されるなど、第三者の目には理解しがたい現象が多発している。

強国アピールと被害者意識を過度に強調するプロパガンダを通じて、人々が「自家中毒」を起こした結果だろう。自国が強くなったことで、かつての暗黒の近代の復讐を果たしたいという党の思考が、巡り巡って庶民を暴走に駆り立てている。

こうした中国社会の気質を風刺した「大嬰児（ダーインアル）」（大きな赤ん坊）という言葉がある。中国はすでに巨大な強者なのに、主観的意識としては近代のいじめられっ子のままで、都合のいいときだけ弱者ぶって世界に向き合うようになったというわけだ。

禍福は糾（あざな）える縄の如し。

イギリス商人の密貿易からはじまったアヘン戦争は、約百八十年後にワガママ放題の大きな赤ん坊国家を生むという、誰も予測できなかった結果をもたらしている。

第三章

王朝

〔唐／明〕

唐

（六一八～九〇七年）

最高の名君の帝国に隠された「不都合な真実」

G7広島サミットの裏で「唐の祭典」

二〇二三年五月、日本の広島県でG7サミットが開催された。

西側諸国の団結が強調され、特に経済安保の分野では中国との対抗を念頭に置く連携強化が確認された国際会議である。というより、ウクライナ大統領のゼレンスキーがサプライズゲストとして来日したイベントだったと書くほうが、いまやピンときやすいかもしれない。

一方、中国ではこのとき、G7サミットの「裏番組」的なイベントが開催されていた。その名は「中国・中央アジアサミット」（中国中亜峰会）だ。

中亜峰会はホスト役の習近平のもと、カザフスタン、キルギス、タジキスタン、トルクメ

2023年5月18日、西安で開かれた中国・中央アジアサミットで唐王朝風の歓迎セレモニーがおこなわれる様子（EPA＝時事）

ニスタン、ウズベキスタンの五カ国の大統領らを、陝西省の古都・西安に招待するものだった。西側とは一定の距離を置く中央アジア諸国を、中国が自国のお膝元に集めた形である。

習近平は基調演説において、二〇一三年に自身が提唱した「シルクロード経済ベルト」構想とともに、中国と中央アジア地域との歴史的な関係の深さを強調。中国のユーラシア外交政策「一帯一路」のもとでの、中央アジア諸国との協力関係の進展と相互発展を呼びかけた。

ただ、演説の内容以上に内外の注目を集めたのが、西安市内で開催された豪奢な歓迎式典である。

舞台となった場所は大唐芙蓉園。往年は唐の禁園（皇居庭園）があった場所に、二〇〇五年につくられた歴史テーマパークだ。敷地面積は約六七ヘクタール（東京ドーム一五個分）もあり、東京ディズニーランドよりもさらに広い。

式典では唐代の儀礼の再現がモチーフとされた。会場一面に真っ赤な絨毯が敷きつめられ、ライトアップされた楼閣を背景に、唐代の宮女や官人の衣装を着た何百人ものダンサーやミュージシャンらが、完璧なパフォーマンスで中央アジア諸国の首脳を接待した。

中国のネット上には、政府が外交の際におこなう大盤振る舞いを皮肉る「大撒幣」（バラ撒きバカ）という単語も書き込まれたが、少なくとも外見の豪華絢爛さでは、「表番組」のG7サミットを上回る国際イベントだったと言っていい。

ちなみに、式典の主役である習近平は、父親（中国共産党の元老・習仲勲）が陝西省富平県出身である。富平県は西安の郊外四〇kmほどの場所にあり、中国の距離感覚でいえばごく近所だ。

習近平は青年期、文化大革命時代に七年間にわたって陝西省北部の延安市延川県梁家河村に下放（農村での肉体労働を通じた思想学習）された経験もある。現在の梁家河村には「陝西は我が根、延安は我が魂、延川は我が第二の故郷」という習近平の言葉が巨大な看板として掲げられており、彼が陝西省に並々ならぬ思い入れを持っていることがわかる。

かつて習近平が下放された梁家河村に設置されている巨大看板。2015年5月、安田峰俊撮影

二〇二三年のG7サミットが、日本の岸田文雄総理の故郷の広島県で開かれたのに対して、習近平も自身の「故郷」の西安で、中国中亜峰会を開催したのであった。

「天可汗」の都への朝貢

陝西省は中華文明の揺籃（ようらん）の地の一つだ。なかでも西安と周辺地域には、紀元前十一世紀の周（西周）をはじめ、秦・漢・隋・唐など数多くの歴代王朝の首都が置かれてきた。唐はこれらのなかでも最も強大で、中国人が誇りにしている王朝だ。ゆえに習近平の「陝西への愛」「西安への愛」は、「唐への愛」とも表裏一体である。

唐代の長安（西安）はシルクロードの起点であり、

現代の習政権の「シルクロード経済ベルト」や「一帯一路」のスローガンと相性がいい。この地に中央アジア諸国の元首たちが呼び集められ、国際会議の舞台になることは一定の必然性も感じさせる。

ただし、意地の悪い見方をするなら、西安で開かれた中国中亜峰会で「唐」が強調されたことに、不穏な含意を読み取ることもできなくはない。

唐は七世紀半ばから八世紀初頭の最盛期、中国本土のほとんどに加えて、西域に大きく勢力範囲を伸ばした。七五一年には、現在のキルギス領にあるタラス河畔まで進出した唐軍と、中東から領域を広げたイスラム帝国のアッバース朝軍が武力衝突している。この地域で唐の支配はそれほど長く続かなかったものの、現代の中央アジア諸国は、最も西南のトルクメニスタン以外、どの国もかつて領域の一部が唐の影響下に置かれた歴史を持つ。

加えて言えば、唐の実質的な建国者である二代目の皇帝、李世民（太宗）以降の歴代皇帝たちは、中央ユーラシアの各国から「天可汗」（突厥語では「テングリ・カガン」）の称号を奉られ、朝貢を受ける存在でもあった。カガン（可汗）は当時の遊牧世界で広く用いられた君主号で、のちの時代のカアン（汗、ハーン）に相当する。

唐の皇帝は、中華帝国の皇帝であるのみならず、中央アジアの民の支配者でもあった。なかでも唐を強国化させた李世民の存在感は大きく、こんにちでは「天可汗」という単語そのものが李世民の別名として用いられることも多い。

往年、西域を支配した唐帝国の旧首都で、現代中国の最高指導者が、中央アジア諸国の元首らを唐代風の歓迎式典で迎えた中亜峰会の構図は、どうしても意図を深読みしたくなる。

ひょっとしたら習近平は、中国共産党帝国の皇帝の地位のみでは飽き足らず、ユーラシア世界の天可汗として一帯一路の諸国から仰ぎ見られたいという欲もあるのではないか。すくなくとも、このイベントの底流には、往年の朝貢国（属邦）を中国の潜在的な勢力範囲として位置づけたいという思想が垣間見える。

中国史上の最強ヒーロー、李世民の光と闇

日本人にとっても、唐は馴染み深い王朝だ。

平城京や平安京の都市設計と律令制度、正倉院の宝物と鑑真（がんじん）の唐招提寺、遣唐使の派遣と阿倍仲麻呂の定住、最澄・空海の仏教留学と李白や杜甫（とほ）の漢詩――。唐が日本に与えた影響は大きい。『西遊記』の舞台となった時代でもあり、中国史のなかでも、唐代は三国時代と

並んでヴィジュアル的にイメージしやすい。

王朝が存在した期間も長い。

前代の隋が二代皇帝の煬帝（ようだい）の晩年から内乱で混乱するなか、挙兵した外戚（がいせき）（皇室の姻族）の李淵（りえん）（太祖）が六一八年に建国。やがて息子の太宗李世民が王朝の基礎を作り上げ、唐の勢力は次代の高宗にかけて拡大を続けた。その後、高宗の死後に皇后の則天武后（そくてんぶこう）がみずから帝位について周（武周）を建国し、いったん唐は滅びるも、則天武后の崩御後に再度復活。高宗の孫の玄宗の時代に国力を盛り返した。

ただ、玄宗はやがて統治に飽きて楊貴妃を寵愛する。七五五年にその隙をついた軍人の安禄山の反乱を招き、唐はここで大きな曲がり角を迎えた。ただ、徐々に勢力を弱めながらも王朝そのものはまだまだ続き、滅亡は九〇七年のことである。

唐は王朝中期までは軍事的に強勢で、ユーラシア大陸規模の巨大版図を実現しつつ、シルクロードの文化を花開かせた。さらに唐代は漢詩（唐詩）の名作を数多く生んだ中国文学史上の黄金時代でもあった。

ゆえに現代の中国人も、自国の最も輝かしい歴史を代表する王朝として唐を挙げる人が多い。なかでも、中国史上最高の名君とまで称される李世民の人気はすこぶる高い。

彼の治世である「貞観の治」は、善政が敷かれた時期として有名だ。言行録とされる『貞観政要』も、いまもなお日本を含む各国で帝王学の書として盛んに読まれている。

ただし、こうした李世民の姿は、後世に作られた虚像も多い。

彼の「名君」設定は、多分に自己演出の賜物だったともみられている。

李世民が軍事的な天才だったことは確かである。唐の建国当初、竇建徳や王世充らの強力な群雄を討滅し、父の李淵に天下を取らせたのはひとえに彼の功績だ。

とはいえ、李世民は本来、李淵の後継者ではなかった。彼が帝位を引き継いだのは、六二六年に兄と弟を殺害するクーデターを起こし（玄武門の変）、優柔不断な父を半ば押し込めて譲位させた結果である。

皇太子の兄を弑して皇帝の父を排除する行為は、儒教の長幼の序に反する。そのため李世民はかえって、政権を握ってからの自分をことさら「名君」として印象づけたとみられている。過剰なプロパガンダを通じた「名君」の演出は、その後の中国でも清の乾隆帝や蔣介石、毛沢東などが踏襲し、近年は習近平が盛んにおこなっている。

ただし、李世民のために弁護すれば、玄武門の変はその勃発時点では、そこまで問題のある行動とはいえなかった。

当時の中国は、二世紀の後漢末期の群雄割拠の時代以来、三国時代・五胡十六国時代・南北朝時代と分裂状態が四百年以上も続き、皇帝の廃立やクーデターは日常茶飯事だったのだ。とりわけ、華北ではモンゴル高原や西域からの異民族の侵入が活発で、王朝が短期間で交代し続けた。一時代前の隋にしても、中国の天下統一には成功したものの、性質としては従来と同じ弱点を持つ短命王朝だった。

唐代の初期である七世紀初頭は、分裂時代の荒々しい気風がまだ濃厚に残っていた時期だ。李世民のクーデターも、同時代の人が見れば「彼のポジションならばやって当然」という認識だったはずである。

むしろ、彼の政権奪取後に中国が久しぶりに秩序を取り戻し、モラルをまともに論じられる落ち着いた社会が生まれたことで、父と兄に弓を引いて帝位につく行為が「悪」になったと考えていい。

漢民族の王朝ではなかった唐

中国人にとっての「理想の王朝」である唐には、もう一つ別の顔がある。

実は彼らは、必ずしも漢民族の王朝とはいえない存在だったのだ。

後年、十八世紀末に清の趙翼という学者が著した歴史評論書『二十二史箚記』のなかに「周隋唐皆出自武川」という有名な王朝評がある。

これは、唐とその前の北周・隋王朝の皇族たちは、いずれも武川鎮と呼ばれる辺境の一地方にルーツを持っているという指摘だ。武川鎮は現在でいう内モンゴル自治区フフホト市の郊外で、かつて南北朝時代に北朝の北魏の辺境防衛を担う駐留軍が置かれた土地である。

北魏は、北方民族の鮮卑の拓跋氏の国家で、華北を統一した強国だった。ただ、四九三年に第六代の孝文帝が中国内地の洛陽に遷都をおこない、遊牧民的な王朝を中華王朝に変える漢化政策を推進したことで、北族的な習慣を残す保守派から反発された。やがて孝文帝の崩御後、辺境にいた軍人たちが六鎮の乱と呼ばれる反乱を起こし、北魏は混乱の末に東西に分裂した。この六鎮の一つが武川鎮である。

北魏の崩壊後、分裂の片割れである西魏の支配階級として台頭したのが、武川鎮にルーツを持つ氏族だった。次代の北周の皇族である宇文氏や、さらに普六茹氏、大野氏といった、明らかに漢民族とは異なる姓を持つ人たちである。

この普六茹氏と大野氏がそれぞれ、やがて隋と唐の皇族になる楊氏と李氏の前身だ。彼らは鮮卑などの「北族」そのものか、仮に漢民族だったとしても長年の通婚や生活習慣の変化のなかで北族化した人々だったとみられている。これが隋唐帝国のルーツなのだ。

後年、唐の李世民が遊牧世界から「天可汗」として推戴されたのも、唐の皇族が北族的な要素を持っていたことが関係していたのだろう。当時の西域の諸民族は隋や唐を「タブガチ」（＝拓跋）と呼んでおり、鮮卑系の王朝として認識していたようだ。

なお、唐の中期までの皇帝は李世民の兄殺しをはじめ、高宗が父の後宮の女性（則天武后）を自分の皇后にしたり、玄宗が息子の妃だった楊貴妃を近づけたりと、漢民族の儒教的な家族倫理とは乖離（かいり）した行動が多い。これらについても、唐室の北族系のルーツと関係があるのかもしれない。

唐は中国史を代表する王朝だが、あまり漢民族的ではない王朝だった。

より正確には、後漢末期から華北に侵入し続けた北族が、長い時間のなかで漢民族と文化的にも血統的にも混ざり合い、その果てに生まれた新王朝が隋や唐だった。

隋唐帝国をこのような存在として描く学説は「拓跋国家論」と呼ばれ、日本や欧米の学界では広く受け入れられている。

センシティブな政治的意味を持つ帝国

もっとも、いくら学術的に妥当な見解だとしても、現代の中国人にとってこうした話は決して耳に心地よくない。

中華人民共和国は本来、「各民族の大団結」を唱える多民族国家としてスタートした。だが、時代が下るにつれて漢民族中心主義的な傾向が強まり、習近平政権の成立以降、その方向性は「中華民族の偉大なる復興」のスローガンのもとでいっそう濃厚になった。

現代中国でいう「中華民族」は、実質的には漢民族とほぼイコールだ。少数民族は漢民族と文化的に同化することで、その仲間として認められる。近年の新疆ウイグル自治区における過酷な少数民族弾圧と文化侵略や、モンゴル族や朝鮮族に対して進められている中国語教育の強化も、少数民族を中華民族化（＝漢化）する過程で起きている現象である。

一連の政策の根底に存在するのは、漢民族が他の民族を同化することはあっても、逆にそれらから影響を受けることはほとんどないという潜在意識だ。これは公的な言説としては出てこないものの、現実のありかたを見る限りは存在するといわざるを得ない。

しかし、中国史を代表する偉大な王朝である唐は、北族の世界から産声を上げ、中央アジアに対する優越的な地位も北族系のルーツゆえに生まれた。中国史上で「最高の名君」である李世民も、まさに拓跋国家の君主としての性質を体現したような人物だった――。そんな見解は、現代中国の政治的なコンテクストからすれば、あまり都合がよくない。

そのためか二〇二一年八月には、中央民族大学歴史文化学院教授の鐘焓（チョンハン）という人物が、学術雑誌『史学月刊』で、唐の拓跋国家論に徹底して反対する論文を発表している。従来、日本を中心におこなわれてきた唐の研究が「内陸アジア史」の視点に偏重しすぎていると批判し、漢民族を中心とした民族統合を強調する内容だ。

この文章は学術論文にもかかわらず、中国国内の一般向けのウェブニュースサイトでも盛んに転載されているため、人民に閲読を推奨するべき「政治的に正しい」言説とみなされているようだ。過去の鐘焓の原稿をさらに調べてみると、中国の主権を強調して「国家分裂」に反発してみせるようなイデオロギー色の強い論考も目立つ。

日本の研究者の間では当たり前のように語られる拓跋国家論は、中国では中華民族の伝統を揺るがしかねない危険な言説なのだ。

かつての唐が存在した時期は、おおむね日本における大化の改新から奈良時代、さらに平安時代の初期に相当する。

日本の場合、これらの時代の話題は、せいぜい奈良や京都に来る観光客に向けたアピール材料に使われる程度の、遠い昔の歴史にすぎない。

だが、中国においては、少数民族問題という最もセンシティブな政治的意味を持ち得るため、極めて生々しい。

中国における唐代は、そんな時代なのである。

明

（一三六八～一六四四年）

現代中国とも相通じる「地味」な王朝

明のラストエンペラーの書、発禁処分となる

二〇二三年十月、中国である書籍が事実上の発禁処分になり、ネット上で情報を検索できなくなった。

不思議なのは、本の内容に反体制的な要素がほとんどなかったことだ。同書は『崇禎（すうてい）』というタイトルで、明朝の最後の皇帝である崇禎帝を主題に、王朝の滅亡過程を考察したアカデミックな著作だった。著者は同年の五月に死去した中央民族大学元教授の陳梧桐（チエンウウトン）。明朝史研究の権威として知られた研究者である。

そもそも、『崇禎』は二〇一六年に『崇禎往事』という別のタイトルで刊行された書籍の

再販だった。オリジナル版の本は、現在も世間で問題なく流通している。

では、どんな部分が問題視されたのか。それはおそらく、再販版の体裁である。

同書の副題を含めたタイトルは『崇禎　勤政的亡国君』（崇禎帝・勤勉な亡国の君主）という、さらに書籍の帯には「失策の連続で泥沼にはまる　政務に励むほど亡国に近づく」という宣伝文句が付けられていた。表紙には首吊りの縄が描かれ、人目を引くデザインである。

崇禎帝は政治改革に熱心で、傾いていた明朝の屋台骨を立て直そうと必死で努力した皇帝だ。ただ、彼は他人を信用できない悪癖があり、重臣を数多く誅殺。財政健全化のための増税が民の反発を買うなど、政策がすべて裏目に出て、やがて李自成の反乱軍に北京を包囲される。部下がすべて逃げ去ったなか、彼は陥落寸前の紫禁城で自身の公女に手をかけ、裏山で首を吊って自滅に近い最期を迎えた――。

再販版の『崇禎』の表紙

『崇禎』の表紙イラストに描かれた縄は、この故事に由来する。真面目な学術書を多くの一般読者の手に取らせるべく、頭をひねった出版社の苦労がしのばれる。

だが、これは現代中国では政治的に不適切なメッセージだった。「政務に励む」のに失策を繰り返し、民を苦しめて国を傾かせる皇帝というイメージは、どこかの誰かを想起させなくもないからだ。

習近平政権は二〇二一年ごろまで、統治の成功と中国の強国化による「盛世」の実現を誇っていた。だが、党内の慣例を破って政権第三期に踏み込んだ二〇二二年秋ごろから、ゼロコロナ政策の失敗や景気の悪化など、打つ手が裏目に出ることが増えている。

なにかと上の意向を忖度(そんたく)しがちな検閲担当部門としては、すこしでも習近平の権威を傷つけかねない言説は、たとえ三百八十年ほど昔の皇帝の話であっても容認できないと判断したようである。

現代中国における「明」にまつわるエピソードは、この崇禎帝の話題だけにとどまらない。以下で見ていこう。

「顔」が見えない大王朝

明は日本の室町時代とほぼ同時期、約二百八十年続いた漢民族の王朝である。元末の気候変動に伴う世情の混乱のなか、社会の最下層から台頭した朱元璋（洪武帝）によって一三六八年に建国された。明は当初こそ社会統制的な政策の徹底を図っていたが、王朝の中期以降は体制が弛緩。十五世紀半ばからは北虜南倭（モンゴルと倭寇の侵攻）や財政の悪化、宦官（宮廷に仕える去勢された男性）の専横、官僚の党争……といった慢性的な内憂外患に苦しんだ。

十六世紀後半、宰相の張居正が強権的な財政再建策で国政を引き締めたが、彼の死後は放漫財政と腐敗が加速、崇禎帝の一六四四年についに王朝が滅亡する。ただし、明代中期以降のゆるんだ時代のなかで、中国の民間経済や文化はかえって発展した。

明は政治・行政機構や文化の面で、後世に与えた影響が大きい。

政治面では初代の洪武帝が皇帝独裁体制を大幅に強化し、これは次代の清朝にも継承された。この体制の遺風は、中国から王朝が消えてからも中華民国や中華人民共和国の権力者の政治スタイルに少なからず影響を与えている。中国の象徴となっている紫禁城や天安門、さらに現在まで残る万里の長城が建設されたのも明代である。

現代中国の行政区画である、浙江省や陝西省のような各省の雛形の多くも明代に生まれた。政府が中央官僚を地方行政のトップに据えて、中央からの直轄支配を敷く仕組みは、中国共産党政権でも採用されている。中国の領域のなかで、チベットや新疆などを除く漢民族の伝統的な居住地域は「中国本土」（漢地、チャイナ・プロパー）と呼ばれるが、これは明代中期以降の王朝の領域とほぼ同じ範囲を指す。

明の儒学者だった王陽明が創始した陽明学は、後年になり毛沢東や蔣介石、さらに日本の大塩平八郎や西郷隆盛など多くの革命家に思想的影響を与えた。また、明代には出版産業が盛行して印刷物に適した字体（明朝体。ただし中国本土では宋体と呼ぶ）が広がり、『三国志演義』や『水滸伝』などの白話小説が庶民にも広く読まれた。

日本との関係も深かった。明は足利義満を「日本国王」に冊封して日明貿易をおこなったほか、密航や密貿易のような民間人の非公式接触も活発で、やがて倭寇の中国進出に発展している。十六世紀末の豊臣秀吉の朝鮮出兵（文禄・慶長の役）では、明軍と日本軍が直接戦火を交えたことさえある。

とはいえ、現代の日本人にとって、明はなぜか馴染みが薄い。

文字フォントの「明朝体」を除けば、具体的なイメージが湧かない人も多いはずである。

理由は、明代が題材の大衆小説やマンガが少ないことや、学校の漢文の時間に明代のテキストがあまり登場しないこと（三国時代以前か唐・宋の文章が多い）もあるだろう。また、歴史上の接点こそ多いものの、隋の煬帝や元のフビライのように、日本側の学習マンガで顔と名前がしっかり描かれるような、個性的な「敵役」はあまり出てこない。文禄・慶長の役の敵将だった李如松（りじょしょう）や沈惟敬（しんいけい）の名前を覚えている人はほとんどいないだろう。

一般的な日本人の認識では、没個性的で顔が見えづらい王朝なのも確かである。

改革開放政策の先駆者？

現代中国から見た明も、「地味」なイメージを持たれがちだ。

明は王朝の寿命こそ長かったものの、人間的魅力に欠けた皇帝のもとで腐敗と権力闘争が繰り返された時期が多く、漢や唐のような理想化はされにくい。対外的には保守的な管理貿易政策（海禁）を敷いており、洪武帝の息子の永楽帝の時代以外は戦争も弱かった。中華の勢威を世界に輝かせたような威勢のいい話も、基本的には多くない。

ただし、例外的に非常に高い評価を受けている明代の人物もいる。王朝の初期、永楽帝に重用された宦官の鄭和（ていわ）である。

鄭和艦隊は、中国人移民が多いマラッカ（現マレーシア）をインド洋諸国との中継・補給拠点にしており、しばしば訪れていた。写真は2024年8月16日、マラッカの鄭和文化館に展示されていた鄭和の胸像。安田峰俊撮影

鄭和は雲南のイスラム教徒の出身で、永楽帝の命令で合計七回にわたり大艦隊を率いて南海を冒険。東南アジアからインド・中東・アフリカまで足を伸ばすなかで各地に朝貢を促しつつ、海外の多くの文物を持ち帰った。大航海時代の前夜におこなわれたこの組織的な大遠征は、永楽帝による損得を度外視した私的事業で、実は国策としての目的はなかったともいうが、中国史上でも珍しいものだったのは間違いない。

ただ、鄭和の死から四十年ほどのち、遠征の報告書は焼却された（科挙官僚と折り合いが悪い宦官の偉業が嫌われたのだろう）。明の国家方針も内向きになり、南海遠征どころか朝貢国の維持にも不熱心になったことで、鄭和の事業はいつしかほとんど忘れられた。

だが、中華人民共和国が海外に門戸を開いた一九八〇年代から、彼の事績が見直されはじめる。当時の権力者だった鄧小平が、対外開放の先駆者として鄭和に言及したこともあっ

鄭和文化館で再現されていた鄭和艦隊の模型。船腹に目のマークがある中央の巨大な船は「宝船」と呼ばれる旗艦。補給や戦闘を担当する中小の船がそれを取り巻いて陣形をつくっていた。右ページの写真と同日に安田峰俊撮影

て、関連する論文が世にあふれたのだ。鄭和は改革開放政策の象徴として、その後も中国で重視され続けた。

南海遠征の開始から六百年目に当たる二〇〇五年には、鄭和をテーマにした学術記事や論文が年間に三五〇〇本前後も書かれている。同年には中国国家の主導で、鄭和が出発した日とされる七月十一日が「中国航海日」（中国航海日）という記念日に定められ、盛んにイベントがおこなわれるようになった。

往年の鄭和は、大航海時代の西洋のコロンブスなどと比べてもはるかに平和的に海外と交流し、諸国との友好に努めて偉大な中国の姿を世界に広める使者だった――。というの

が、近年の中国で打ち出されているイメージである。

実際の鄭和の艦隊は万単位の兵士を乗せており、朝貢に応じない国に対しては武力制裁も辞さなかった。だが、こうした砲艦外交の側面があまり取り上げられないのは、もちろん「お約束」の話である。

一帯一路外交に利用される

中国において、特定の権力者のもとで持ち上げられた歴史人物は、権力者が代替わりすると粗略に扱われることも多い。

だが、鄭和の場合はそうはならず、鄧小平やその後継者たち（江沢民・胡錦濤）と距離を置く習近平の時代に入っても、称賛は盛んなままだった。二〇一五年には、鄭和関連の学術記事や論文が年間四五〇〇本近くも発表されている。

鄭和フィーバーが続いた理由は、習近平政権下で提唱された一帯一路政策と、鄭和の事績の相性が極めてよかったためだ。

一帯一路政策とは、中国からユーラシア大陸内陸部を貫いて欧州に伸びる「シルクロード経済ベルト」と、南シナ海とインド洋から中東・アフリカ・欧州に伸びる「二十一世紀海上シルクロード」の概念を基礎とし、そのルートの近隣諸国と中国との経済関係強化を図る広域経済圏構想である。実態としては、かつての王朝時代に朝貢の歴史を持つ地域に対して中国の影響を強める意向が含まれた外交戦略と言えるかもしれない。

内陸部のシルクロード経済ベルトは、歴史上の本物のシルクロードのルートと近く、すでに「唐」の節で書いたように中央アジア諸国の取り込み政策として機能している。一方で後者の海のシルクロードは、明代の鄭和艦隊がインド洋の沿岸諸国に朝貢を要求した南海遠征のルートとほぼ一致する。

海のシルクロードが構想された段階で、鄭和の事績が意識されたことは間違いない。

このことは、実際の外交の現場からも垣間見える。

「中国とモルディブは伝統的に友好的な近隣国だ。すでに六百年以上前の明代に、鄭和がモルディブを訪れた。両国の人々は歴史的な海のシルクロードを通じて友好的なつながりを築いた」

たとえば二〇二四年一月、インド洋の島国・モルディブのムイズ大統領の訪問を受けた習近平は、こうした講話を発表している。他にも二〇二三年の一年間だけで、習近平はケニア、スリランカ、バングラデシュなどとの外交の場で鄭和の事績に言及している。海のシルクロードの沿線国との交流の際に、鄭和のエピソードが持ち出されたり、彼の遠征時の石碑の拓本といったゆかりの文物がやりとりされたりするのも、近年の中国外交でお馴染みのパターンだ。二〇二三年五月には、中東の産油国オマーンのサラーラ市に、中国のゼネコン企業の施工によって高さ九・九六メートルの「鄭和の碑」が建てられたことも報じられた。

もっとも、一帯一路政策の現場では、中国が各国に対して借款と引き換えに中国企業を通じた大規模なインフラ整備事業をおこなう例も多い。返済能力がない中小国を実質的に経済支配してしまう「債務の罠（わな）」であると批判されるケースも増えている。

加えて、一帯一路は中国国内向けの商業振興政策としての側面もあるのだが、近年は中国経済の不調でこの仕組みがうまく機能しなくなってきた。

そのためか、最近の習近平は「一帯一路」という単語を以前ほど頻繁には口にしなくなった。

今後の先行き次第では、鄭和の利用は多少の陰りをみせるかもしれない。とはいえ、中国がインド洋や紅海の沿岸各国と交流する際に、鄭和は非常に便利なアイコンだ。彼はイスラム教徒であり、イスラム圏の諸国との関係強化を図るうえでも使いやすい人物なのである。

洪武帝と習近平の腐敗摘発キャンペーン

明は「地味」な王朝だが、時代が比較的近いだけに、漢や唐などと比べて国家行政や社会のありかたに現代中国と相通じる部分が多い。

そのため、目下の政治課題の参考を明代の事件に求めたり、明代の人物に仮託して政治的批判をおこなったりする（もしくは権力者側がそのように解釈する）例も少なからずある。一九六〇年代に文化大革命の導火線になったのも、明の嘉靖(かせい)帝の臣下だった官僚・海瑞(かいずい)を主人公とする京劇の戯曲『海瑞罷官(ひかん)』に対する批判論文だった。

現在の習近平体制でも、たとえば政権初期の二〇一四〜二〇一五年ごろ、国営通信社の新華社や党機関のニュースサイトなどで、洪武帝の話題が盛んに言及された例がある。

ここで注目を集めたのは「洪武反貪(ホンウウファンタン)」。すなわち、明の建国直後に洪武帝がおこなった腐敗摘発政策だ。

背景にあったのは、当時の習近平が推し進めていた党内の腐敗摘発キャンペーンである。

当時、習近平は「虎も蠅も叩く」（大物も小物も罰する）を合言葉に、前代の江沢民・胡錦濤政権下で極度に拡大していた官僚腐敗を徹底的に攻撃。二〇一三年から二〇一六年末までに一〇〇万人以上を摘発し、そのなかには党の前政治局常務委員の周永康、人民解放軍の高官である徐才厚や郭伯雄、前統一戦線部部長の令計画など、省・部級以上の大物党幹部も二〇〇人以上が含まれた。

この反腐敗キャンペーンは、収賄行為や党規律違反に対する単純な摘発というより、党中央の指示に従わない高官の粛清や党内の引き締めを目的とする一種の政治闘争だった。摘発対象の人物が自殺や獄死に追い込まれたり、不十分な証拠のみで罪を問われたりした事例も多かったとみられている。

ゆえに、当時は党内でもキャンペーンの行き過ぎに対する懸念が存在した。

たとえば、二〇一四年十二月二十九日に『中国共産党新聞網』に掲載（『天津日報』から転載）された「明朝洪武年間の腐敗摘発の嵐」という論説記事が興味深い。

こちらの文章は、腐敗摘発それ自体は肯定的に論じているが、よく読んでみると、明代初期の大規模摘発事件（空印の獄）で大量の冤罪が発生したことや、独裁君主である洪武帝の処罰が法的根拠を欠いた恣意的なものだったことを指摘する内容である。

当時は中国国内の言論にまだ比較的自由が残っており、党内も習近平の礼賛一色には染まっていなかった時期だ。この論説記事は、洪武帝の空印の獄を持ち出すことで、習近平のキャンペーンの暴走に釘を刺そうとした文章なのである。

いわゆる指桑罵槐（しそうばかい）の手法で、直接的な批判がはばかられる相手に文句を言いたいときに、中国人がしばしば用いる政治的テクニックだ。

張居正とゼロコロナ政策

ほか、洪武帝ほど多くはないものの、二〇一八年ごろからは明代後期の鉄腕宰相・張居正を論じる言説も増えた。

これがみられるのは党の文献よりも学術論文が多く、腐敗摘発や財政再建に強い姿勢で臨んだ張居正を褒める内容が目立つ。当時はすでに習近平の独裁体制が固まった時期であり、張居正を引き合いに出して現政権の強権的な姿勢を肯定する意図を感じさせる文章が多い。

面白いのは、二〇一九年一月に中国労動・社会保障部（厚生労働省に相当）の雑誌『中国培訓』に掲載された「明代『考成法』とその現代的価値」という論文だ。ちなみに考成法とは、張居正が制定した官僚の人事考課制度のことである。

「（考成法から現代中国が学ぶ教訓は）勤務評定の変質を避けて『ＧＤＰ成長優先主義』を排し、勤務評定における政府の効率性の向上を目指すべしという点にある」

論文の本文にはこんな記述がある。まがりなりにも明代史の論文なのに「ＧＤＰ成長優先主義」という生々しい政策用語が出てくるのが現代中国流だ。

張居正の考成法は明朝の財政を一時的に好転させたが、地方官僚に徴税や治安維持のノルマを課したことで、やがて現場が暴走。天災や飢饉でも目標徴税額を満たすための苛斂誅求が横行し、さらに囚人の摘発人数のノルマ達成のために無実の人間が拷問で有罪にされるケースも続発して、民を大いに苦しめることになった。

政権が設定した数値目標が絶対化することで、現場の官僚たちが出世や保身のために極端な行動に走るのは、中国の官僚体制下ではよくある話だ。

一九五〇年代の毛沢東時代の大躍進政策の失敗は言うまでもない。また、改革開放政策のもと、地方官僚の評価基準としてＧＤＰ成長率が重視された結果、江沢民・胡錦濤政権時代に各地でハコモノ行政や乱開発が横行したことも、やはり同様の構図から説明できる（上記の考成法の論文は、前代のＧＤＰ最優先主義からの転換を打ち出す習近平政権を支持する内容なのである)。

習近平政権は明代史をトレースしていた？

もっとも、この考成法の論文が発表された翌年、習近平政権下でも極端なノルマの暴走が起きた。二〇二〇年から約三年間続いたゼロコロナ政策だ。

この政策のもとでは、地方官僚に対して新型コロナウイルスの感染を絶対に広めないことが求められた結果、非人道的な感染者隔離や居住区のロックダウン、全住民に行列をつくらせる煩瑣(はんさ)なＰＣＲ検査が頻発されるなど、合理性に欠けた処置が全国で横行した。

経済を半ば無視してロックダウンとＰＣＲ検査に邁進した結果、各地の地方政府の財政は深刻なダメージを負った。

やがて、感染力が高く無症状感染者も多いオミクロン株が流行した二〇二二年春ごろからゼロコロナ政策は限界に達し、同年十一月には習近平体制下で初の大規模な反体制運動となる白紙運動が勃発。政権側は慌ててゼロコロナ政策を撤廃したが、権威は大きく傷ついた。

ゼロコロナからウィズコロナへの準備なき転換の結果、ワクチンを接種していない高齢者層を中心にコロナ感染による大量の死亡者が出たことも含めて、この政策が中国の民心に与えた負の影響は計り知れない。コロナ後、世界中の経済アナリストが中国経済のV字回復を予測したにもかかわらず、景気が回復せず閉塞感が強まっている一因も、ゼロコロナ期に拡大した人心の荒廃や社会不信が大きく関係している。

考えてみれば、二〇一三年に成立した習近平政権下では、反腐敗キャンペーンに際しての洪武帝ブーム、一帯一路政策に対する鄭和の政治利用、張居正を引き合いに出した体制肯定言説の横行と、過去の歴史の順番通りに明代の人物へのスポットライトが当たっている。

そのうえで二〇二三年、明の最後の皇帝である「勤勉な亡国の君主」崇禎帝が注目されたのは、ちょっと皮肉なめぐり合わせだろう。

明朝の末期と比べれば、現在の習近平政権はまだまだ強靭だ。しかし、中国経済の悪化にともなう政治や社会の綻(ほころ)びは、ここ数年で静かに広がりつつある。

崇禎帝の書籍の発禁処分は、そんな風潮に対する当局の過剰反応だったのだ。

第四章

学問

〔孔子／科挙／漢詩と李白〕

孔子（前五五二?〜前四七九年）

儒教という国家統治イデオロギーの復活

閉鎖が相次ぐ孔子学院

中国政府肝煎り（きもいり）の教育機関「孔子学院」の名前は、中国にあまり興味がない人でもご存じだろう。

これは二〇〇四年以降、中国教育部（文部科学省に相当）傘下の国家漢辦（グオジヤーハンバン）のもとで世界各国につくられた中国語や中国文化の教育機関で、多くは現地の大学と提携する形式が取られた。だが、単なるパブリック・ディプロマシー（公報文化外交）にとどまらない安全保障上の懸念がある施設だとして、近年は日本を含む西側各国で盛んにやり玉に挙げられている。

もっとも、当初の孔子学院は格安で質の高い中国語を学べる施設として、各国で好評だった。新華社によれば、二〇一八年十二月の時点では世界の一五四の国や地域に孔子学院が五四八校、簡易版の施設である孔子課堂が一一九三校も展開し、学生数は一八七万人に達したという。

日本でも二〇〇五年に京都の立命館大学内に設置されたのを皮切りに、早稲田大学など一二校の学内に存在する（二〇二四年四月時点）。実のところ、私が過去に日本国内の三校で中国語のオンライン講義を受けてみた限りでは政治的な雰囲気は感じなかったのだが（拙著『中国vs.世界』〈ＰＨＰ新書〉も参照）、近年の講師陣の身元を調べると、中国政府と非常に近しい人たちが多いことは事実である。

そのため、二〇二〇年夏ごろからは西側各国で孔子学院への警戒論が強まり、校舎の閉鎖が相次いだほか、日本国内でも厳しい目が向けられるようになった。

対して、中国政府は孔子学院の運営母体を便宜上の民間公益団体に切り替えたり、施設の名前を変えたりして運営を続けようとしているという。

孔子平和賞、失敗する

孔子の名を冠した、政治色のある中国発の国際プロジェクトはほかにもある。たとえば、二〇一〇年十二月に中国国内で創設された「孔子平和賞」だ（翌年から主催が香港の団体に引き継がれた）。

孔子平和賞が生まれた契機は、中国民主化運動の精神的リーダーだった劉暁波（リュウシャオボー）が、その二カ月前にノーベル平和賞を受賞したことである。当時、中国国内では保守派を中心に平和賞の選出基準が恣意的（反中国的）だとして反発が起き、これに対抗する形で「中国とアジアの平和観と人権観を示す」人物を表彰する新たな国際賞が創設された。歴代の受賞者は、台湾の中国国民党名誉主席の連戦（リエンヂャン）、ロシアのプーチン大統領、キューバのカストロ議長……と、中国の体制と親和的な海外の要人たちが多くを占めていた。

しかし、ほとんどの選出者が受賞を固辞したため、中国側が当該国の留学生などを代理に立てて強引に授賞式を開くという不面目な事態も常態化していた（二〇一三年に受賞した中国人僧侶の釈一誠（シーイーチエン）のみ、本人が授賞式に出席）。

ちなみに二〇一五年には、日中友好人士として知られる村山富市(とみいち)元首相が最終選考まで残ったが、村山側が健康状態を理由として辞退したため、賞はジンバブエの独裁者であったムガベ大統領に贈られている。

この孔子平和賞はあまりにも「茶番」感が強いためか、二〇一七年を最後に廃止された。ただ、世界で最も権威があるノーベル平和賞に対抗するために、中国が「孔子」を持ち出したことは興味深い。

孔子学院も孔子平和賞も、最終的には成功していないとはいえ、近年の中国はパブリック・ディプロマシーに孔子を盛んに活用しているのである。

孔子は世界史上でもソクラテスと並び称される有名な思想家だ。その言行録である『論語』も、人類全体の古典として各国語に訳され、広く読まれている。

現代の中国が他国からの尊敬を勝ちとりつつ、自国の知的・文化的優位性をアピールするうえで、アイコンとして最も適した人物なのは確かである。

「立派な人の立派な政治」を目指す儒教

孔子（前五五二～前四七九年）は春秋時代の魯の人物だ。名は丘で字は仲尼。古代の周の政治家である周公（周公旦）を尊敬した彼は、自己を律して他者を愛するまごころである「仁」の理念に基づいた政治の実現を説き、礼楽や道徳を通じた社会秩序の回復を願った。

孔子は現実の政治家としては成功できなかった。だが、自己修養を通じて知・仁・勇を備えた理想的な人格「君子」になることを目指す教えが人々に受け入れられ、約三〇〇〇人ともいう多くの弟子を集めた（なお、君子の反対語は「小人」である）。

孔子の死後、その教えをもとに成立したのが儒教、その学問が儒学である。

これは、身分秩序の整理と仁の考えを基本として、修身・斉家・治国・平天下（身を修め家庭を整え、国を治めて天下を太平とする）の道を講じる、一種の論理学であり政治学だった。

儒学の徒である儒家からは、戦国時代に孟子や荀子が出て、思想をさらに深めた。儒教はやがて、前漢の時代から徐々に政治の中枢に入り、後漢以降の歴代王朝では、国教となった儒教思想に基づいて国家体制がデザインされていった。

儒教はその後、道教や仏教の影響を受けて北宋で理学（性理の学）が成立したり、南宋の朱熹が朱子学、明の王陽明が陽明学を創始したりと、幾度もの改革運動が起きた。

一方、科挙が定着するなかで「テストのための学問」になったことで、その教えが極めて形式的かつ教条的なものとして人々に受け入れられるようになったのも確かだった。

結果、清末の一九〇五年に科挙が廃止され、ほどなく清朝も滅びると、儒教を中国の近代化を阻む旧思想として問題視する意見が力を持ちはじめる。

とりわけ、一九一九年に起きた中国初の近代的な大規模学生運動「五四運動」の前夜からは、西洋の学問を身につけた若い知識人の間で儒教批判が巻き起こった（新文化運動）。

「人を食う」教えがバッシングされる

当時は、のちに中国共産党の創設者になる陳独秀が、過去に郷試（科挙の予備試験）の合格歴があるにもかかわらず激烈な儒教批判をおこなったほか、小説家の魯迅が『狂人日記』で儒教の「人を食う」偽善性や非人間性を風刺、同作品を読んだ思想家の呉虞も大論陣を張った。こうした呉虞の言説は、やはり著名な思想家である胡適から高く評価された——。

新文化運動のなかで儒教批判がブームになった理由は、帝政時代から権力を握る袁世凱のような古い政治家や、当時の進歩的知識人や革命家を苦しめていた実家（家父長制）との関係に対する反発も大いに関係していたのだろう。

結果、こうした青年知識人の政治サークルから出発した中国共産党も、儒教への敵視を引き継いだ。

一九六六年にはじまった文化大革命では、紅衛兵によって山東省曲阜（きょくふ）にある孔子の墓が暴（あば）かれている。やがて文革末期の一九七三年に提唱された批林批孔運動では、毛沢東の暗殺未遂事件を起こして失脚・死亡した林彪が「孔孟（孔子・孟子）の道」の徒であるとされ、全国的な儒教批判キャンペーンが展開された。

一九七五年に日本作家代表団に加わって訪中した司馬遼太郎が、上海の少年宮（シャオニエンゴン）（児童館）で、孔子と林彪の生首をおもちゃのピストルで撃つ珍妙な遊具を目にして鼻白んだのも、この批林批孔運動の時期のことである。

過去のこうした経緯を見ると、現在の中国共産党が、パブリック・ディプロマシー戦略のなかで孔子を活用している姿は奇妙に思える。

近年の盛んな「孔子推し」は、二十一世紀に入って以降の中国の思想状況と国内事情からもたらされた部分が大きい。

中国共産党を儒教化せよ？

中国共産党の儒教批判は、一九八〇年代に文革路線が否定されるなかで立ち消え、孔子は「優れた教育者」として再定義された。鄧小平が中国社会の目標として提唱した小康社会（シャオカンシエーフィ）（いくらかゆとりのある社会）という概念も、儒教の経典である『詩経』や『礼記（らいき）』に由来しており、改革開放政策とともに儒教は再び日の目を見たといえる。

ただ、孔子や儒教がより政治の前面に立ったのは、二〇〇三～二〇一三年の胡錦濤時代になってからだ。

胡錦濤は指導力が弱いリーダーであり、当時の中国では官僚の腐敗や民衆の暴動が続発した。半面、言論環境は現在と比較すると自由で、メディアやネット言説の統制も弱かったため、言論人の間では中国の将来をめぐるさまざまな議論がおこなわれた。

知日派としても知られる評論家（『人民日報』元論説委員）の馬立誠（マアリーチエン）が二〇一二年に刊行した著書（日本語版は『中国を動かす八つの思潮』科学出版社東京）では、当時の中国社会に影響力を持っていた思想が細かく解説されている。

彼が指摘した「八つの思潮」は、当時の党の基本方針だった経済発展重視の鄧小平理論のほか、毛沢東思想を奉じる旧左派、中華民族ナショナリズムを強調する民族主義……とさまざまだ。ただ、これらのなかで特に異彩を放つのが「新儒家」の思想である。

もともと、中華人民共和国の成立前後に香港やアメリカなどに逃れた二十世紀の儒家（新儒家）の間では、孔子が説いた精神修養（内聖）は重視する一方、現実の政治（外王）については西側の議会制民主主義を尊ぶべしとする議論が盛んにおこなわれていた。

こうした海外での主張に対して、ゼロ年代以降に異論を唱えたのが蔣慶などの中国国内の新儒家たちだ。かつて孔子は「仁」に基づく周公の政治の実現を唱えたはずなのに、現実の政治について西洋人の価値観を受け入れるとは儒家の風上にも置けない。けしからんというわけである。

蔣慶は二〇〇三年に刊行した著書のなかで、中国が古代の礼制を回復して民衆を道徳教化し、政教一致の儒教国家を建設すべきだと述べている。また、西洋の価値観である自由・平等・人権・民主主義は儒教の理想とは必ずしも合致せず、なかでも民主主義については、高潔な人格を持つ君子が凡庸な愚人と平等な政治的権利を持つことなどは賛成しがたいとも主張した。

康暁光（カンシャオグアン）という別の新儒家も、同じく中国の民主化を拒絶し、代わりに儒家の理念を体現した知識人による統治を通じて仁政を実現することを唱えた。彼は二〇〇五年に海外で出版した著書『仁政』のなかで儒教の国教化を訴え、さらにこう述べている。

「まず中国共産党を儒化することだ。（略）ある日、儒学がマルクス・レーニン主義に取って代わり、共産党が儒教共同体に変革したとき、仁政も実現されるだろう。最も重要なことは、儒教を国教として確立することだ」

彼らの主張は、日本人が読むと荒唐無稽に思える。だが、西側の普遍的価値観や体制の民主化を否定し、高潔な人格を持つ少数のエリート集団による専制体制と民の道徳教化を求める……といった主張は、中国共産党にとって参考になる話だった。

加えて当時の中国では、深刻なモラルハザードが進行していた。文化大革命によって従来の宗教や伝統文化が打ち壊され、さらに文革の失敗と六四天安門事件で党や軍に対する民衆の信頼も色褪（いろあ）せ、その後の急激な経済発展でギラギラとした拝金主義が蔓延した結果、人々の心の拠りどころや道徳的な規範が徹底的に破壊されていたからだ。

統治の動揺と人心の荒廃に苦しむ中国共産党にとって、中国の伝統に基づく道徳的秩序の回復と仁政を説いた儒家の主張は、響くものがあった。

「道徳の先生」になった中国共産党

結果、二〇〇二年末に中国政府のお膝元の教育機関である中国人民大学に孔子研究院が成立したのを皮切りに、胡錦濤政権は孔子を盛んに持ち上げはじめる。

すなわち、二〇〇四年の孔子学院の立ち上げ、二〇〇五年の政府主導では初となる孔子生誕記念式典の大々的な開催、さらに二〇一〇年の孔子平和賞の設立と、国策映画とみられる『孔子』(邦題は『孔子の教え』)の上映……といった具合だ。

同年には中国人民大学の学内に孔子像が登場し、さらに二〇一一年一月には、天安門広場の西隣にある中国国家博物館の門前に高さ九・五mの孔子像が出現した。

国家の中心に孔子の姿が現れたことは、大きな話題になった(もっとも、五四運動の英雄の姿も描かれた人民英雄紀念碑のすぐ近くに孔子像を設置したことが問題視されたのか、こちらはほどなく撤去されている)。

儒教的要素は党の政策にも反映された。そもそも、胡錦濤政権のスローガン「和諧社会(ホオシエシエーフイ)」

（調和の取れた社会）からして、四書『中庸』の概念「中和を致す」を踏まえたものだとされている。

モラルハザードが進んだ民衆に対して、中国共産党が「道徳の先生」のように振る舞う動き（公民道徳建設）も盛んになった。

たとえば二〇〇六年には、中国人民が守るべき道徳規範を示す八栄八恥（バーロンバーチィ）という、七文字の対句を連ねたスローガンが提唱され、胡錦濤時代を通じて小学校などで盛んに教えられた。

八栄八恥の正式名称は「社会主義栄辱観」だが、「以誠実守信為栄　以見利忘義為恥」（誠実にして信を守るを以て栄（ほまれ）と為し　利を見て義を忘るるを以て恥と為す）という表現があるなど、全体的に儒教の匂いを感じさせた。「利」と「義」を対比させたこの一節は、『論語』の「君子は義に喩（さと）り、小人は利に喩る」を下敷きにした表現にほかならない。

また、二〇〇七年からは道徳的に立派な人民を大々的に表彰する全国道徳模範というキャンペーンも開始された。選出の基準となる徳目は「すすんで人助けをした」「義を見て勇気を奮った」「老人に孝行して親族を愛した」など、やはりマルクス・レーニン主義よりも儒教の価値観に近い。

胡錦濤時代の後半以降は、「老人を尊敬して子どもを大事にするのは中華民族の伝統的な美徳です（なので席を譲りましょう）」といった説教くさいアナウンスも、地下鉄車内の電光掲示板でしばしば流れるようになった。

「社会主義核心価値観」と儒教

習近平時代に入って中国の言論環境が不自由になると、党の変革を唱えるような新儒家の言説は低調になった。だが、胡錦濤時代に進んだ儒教に親和的な党のあり方や「道徳の先生」化は、むしろ強化されている。

その筆頭が、習近平の党総書記就任直後である二〇一二年十一月に打ち出された「社会主義核心価値観」である。内容は次の通りだ。

富強・民主・文明・和諧
自由・平等・公正・法治
愛国・敬業・誠信・友善

2018年5月20日、上海の街角で見かけた「社会主義核心価値観」のプロパガンダ看板。現在の中国ではあらゆる場所でこの標語が見られる。安田峰俊撮影

社会主義核心価値観は、現在に至るまで中国のあらゆる場所に看板が設置されているので、二〇一〇年代以降に中国を訪れた人は必ず目にしているだろう。中国のショート動画サイトには、小学生が章句を暗唱させられている姿もよくアップロードされている。

なお、ここでいう「民主」とは西洋式のデモクラシーではなく、徳のある君主がしっかり民の声を聞くという、孟子の「民本（みんぽん）」思想に近いイメージで人々に受け入れられている。「自由」や「法治」も、中国共産党の指導下で許される自由や、党の統治ルールへの服従を意味しているとみていい。

この社会主義核心価値観も、もちろん儒教の影響がみられる。

合肥工業大学マルクス主義学院というガチガチのイデオロギー研究部門に所属する陳偉（チエンウエイ）という研究者が「社会主義核心価値観はマルクス・レーニン主義と儒家政治論理の双方を包摂して成立したもので……」といった論文を二〇一六年に発表しているのをはじめ、儒教とのつながりを指摘する中国国内の論文や体制側文書が数多く存在するからだ。

習近平は文化大革命世代の指導者だが、「古典好き」「儒教好き」という点では文革を引き継がず、前任の胡錦濤以上にそうした面を見せたがる傾向がある。二〇一五年には習近平が演説のなかで引用した中国古典のアンソロジー『習近平用典』（人民日報出版社）も出版され、共産党員の必須の学習書籍になっている。

私の手元にある『習近平用典』の初版を確認すると、一三九件ある引用句の典拠のうち、最も多いのが『論語』の一〇件だ。ほかに『孟子』『中庸』など四書五経からの引用も含めると二八件。さらに荀子や朱熹などほかの儒家の著作も合わせると、儒教関連文献の引用が全体の四分の一を占めている。

もちろん、『老子（ろうし）』『韓非子（かんぴし）』など儒家以外の諸子百家や、漢詩の引用もかなり多い。ただ、ジャンル別で見れば、習近平は演説のなかで儒教由来の言葉を最も多く使っている。

近年の日本の研究者やジャーナリストの間では、習近平の政治姿勢について毛沢東の影響を指摘する意見が多い。それは確かにその通りである。だが、一方で儒教の「仁政」を体現する有徳の君主として振る舞おうとする姿勢についても、習近平は過去の党指導者と比べてかなり濃厚だ。

マルクスが孔子と「対談」する国

二〇二三年十月には、中国の人気テレビ局である湖南衛視で、『マルクスが孔子に会ったとき』という大型教養番組が放送されている。

その内容は、マルクス（なぜか流暢な中国語を話す）が時空を超えて孔子の学堂を訪ね、ともに理想の世界について語り合うという珍妙なものだ。番組中ではマルクス役の俳優が孔子役の俳優に「あなたと私の見解は多くの部分で似たところがある」と語りかけるシーンもあり、在外中国人の反体制派の間ではそのナンセンスぶりが物笑いの種になった。

だが、番組は党機関紙『人民日報』のウェブサイトで大々的に宣伝され、同年夏にマルクス主義と中国の伝統文化との接続を唱える「第二の結合」の講話をおこなった習近平の姿が映像の冒頭に挿入されるなど、党の意向が強く反映されている。

中国の動画サイトで公開されている、『マルクスが孔子に会ったとき』の画面（https://w.mgtv.com/b/592591/19875185.html）。シュールである

全体を通じて、孔子の立場をマルクスよりもやや優越させているような印象も受ける。

中国共産党は、いまなお「共産党」を名乗って鎌とハンマーの党旗を掲げているため、マルクスの権威は決して無視できない。だが、実質的に資本主義を導入している中国社会には、かつてマルクスが批判したブルジョワジーによる生産手段の独占とプロレタリアートの搾取が、他国以上に深刻な形で存在している。

党としては、マルクスをひとまず神棚に乗せ、実際の政治運営においては儒教に代表される中国の伝統文化に基づく統治をおこなう考えなのだろう。漢代から約二千年にわたって存在した儒教的な専制体制は、広大な中国を統治するうえで最も有効性が保証された政治形態なのである。

念のために付言しておけば、実際に『論語』を読むと、孔子は自分が政治家としてスカウトされることを望んだり弟子と冗談交じりの掛け合いをしたりと、人間臭く面白い個性を持つ人物だったことが伝わってくる。

日本の江戸時代の国学者だった本居宣長（もとおりのりなが）は、かつて「聖人と人はいへとも聖人のたくひならめや孔子（くじ）はよき人」（世間で聖人と呼ばれてはいるが、孔子は聖人らしからぬ好ましい人だ）という和歌を詠んだ。春秋時代の教育者だった孔丘という生身の人間と、後世の国家統治イデオロギーの象徴になった聖人・孔子は、似て非なる存在なのだ。

ただし、近年の中国共産党が復活させたがっている孔子は、後者のほうである。西側とは異なる体制のもとで党が人民を支配する道具として、「聖人・孔子」はいまなお必要とされている。

科挙——熾烈な競争と試験地獄の伝統

「外国語科目で日本語受験」という奇策

近年、中国の大学受験業界では奇妙な事態が起きている。大学共通入試である高考（普通高等学校招生全国統一考試）の外国語科目で、「日本語」の選択者が激増しているのだ。日本語を選ぶ受験生は、二〇一七年度は約一・六万人、二〇一八年度は約二・四万人……と増え続け、二〇二二年に約二五万人、昨年（二〇二三年）には約四五万人に達した。約一二九一万人の受験者のうち、約三・五％が日本語を選択した計算だ。参考までにいえば、日本の二〇二四年の大学入学共通テストでは、約四九万人の全受験者のうちで「中国語」選択者はわずか七八一人。全体の〇・一六％である。

近年の中国の対日世論は芳しくなく、ビジネスにおける日本語の重要性も下がっている。たとえ日本語ができたところで、好ましい待遇の就職先を探すのは困難だ。

それにもかかわらず、日本語受験の選択者が増えた理由は、英語よりも高得点を取れる可能性があるためだ。

高考において、日本語などの小語種（英語以外の言語）の外国語科目は、試験問題の難易度が低い。中国側の受験支援情報を読むと、暗記が必要な頻出単語は二〇〇〇～二五〇〇語程度で、英語の約半分で済むという。出題形式も、多くの受験生を悩ませる穴埋めや並べ替えがなく、選択肢から選ぶだけのシンプルなものが多い。

また、英語は中国の各省区・直轄市で異なるテストが作成されるが、小語種は全国一律で同じテストが出題される。ゆえに過去問題の研究もおこないやすい。

加えて日本語は、中国語と共通する語彙が多く、若者にとってはアニメなどを通じて親しみもある。たとえゼロからの独学でも「英語よりマシ」な成績を取れる可能性があるとみられているのだ（ただし、日本語選択はあくまでも受験テクニックにすぎないため、大学合格後は英語を学び直す人が多いという）。

こうした奇策が生まれる理由は、高考の受験地獄である。中国の人口は日本の約一一倍だが、大学受験者数は（単純な比較はできないものの）約二六倍だ。名門の一流大学「985院校」は三九校しかなく、北京大学のような超一流校の入学倍率は数千倍以上に達する。

しかも、ＡＯ入試や複数回受験などのさまざまな入試方法がある日本と違い、中国の大学入試は高考の筆記試験のみの一発勝負だ。

競争が激しすぎるため、点数の一点が運命を決することも多い。それゆえに「外国語科目で日本語受験」のような仰天テクニックも生まれるわけである。

ほかにも、受験のために競争が比較的弱いとされる地域にわざわざ引っ越したり、少数民族に対するアファーマティブ・アクションで試験点数が最大で数十点上乗せされる制度を利用するために漢族の受験生が戸籍上の民族区分を変更したりと、合格率を押し上げるための裏技は数多い。

高考の成績上位者はヒーロー扱い

もっとも、高考が「競争」である以上、この苛烈なシステムのなかでも勝者は存在する。

中国では、各省（及び自治区・直轄市）の成績上位者の名前と成績が公開される仕組みだ。

各省の文系・理系のトップは「状元」と称され、「二〇二四年〇〇省文科状元」などと呼ばれる。ほか、成績の第二位は「榜眼」、第三位は「探花」で、これらの名前も公開されている。状元及第者の顔写真や出身校がメディアで特集されることも多く、中国の初夏（高考は六月上旬におこなわれる）の風物詩の一つだ。

中国のショート動画共有サイト『快手』にアップされていた、高考の状元合格者（右奥）を轎（かごの一種）に乗せて明代の服装で街を練り歩く人々の動画。投稿者の説明によれば、雲南省の大理国（937〜1253年）の王族の末裔を称する段氏一族から出た状元とされる

地方の名門一族の出身者の場合、「〇〇君、状元及第」などと書いた横断幕を貼り付けた高級車に本人を乗せ、複数台の車列を繰り出して街をパレードさせることすらある。

また、勉強をしないでテレビゲームばかりやっていたのにトップを取るなど、衆目を驚かせたスーパー状元の場合は、中国のウェブ百科事典『百度百科』に個人の項目が立てられる。記事中では本人のみならず、父親や高校三年生当時の担任の先生の名前まで公開される場合もあるが、決して嫌がらせで個人情報が晒されているのではなく、「偉業」の称賛という正しき目的ゆえである。

中国大陸とは試験制度が異なる香港や台湾、シンガポールなど他の華人文化圏でも、成績優秀者を「状元」と呼ぶ習慣は残る。

このように、中華世界の受験ヒーローである状元・榜眼・探花という単語は、実は王朝時代の科挙の成績第一位〜三位の合格者の呼称に由来する。科挙は儒教の教養を試す官僚登用試験で、隋の五九八年から（中断も経たが）二十世紀の一九〇五年の清代末期まで実施され続けた。そのため、現在もなお中国人の「勉強観」や立身出世の価値観に大きな影響を与えている。

隴西の李徴は博学才穎、天宝の末年、若くして名を虎榜に連ね……。

とは、私たちが高校時代に習った中島敦の小説『山月記』の冒頭の一節だ（作中の李徴は唐の科挙合格者である）。現代の中国でも、こうした描写は決して過去のものではない。

中華王朝の「世襲選挙」問題

科挙は「科目による選挙」を略した言葉とみられる。中国における「選挙」は、もともとは王朝が人材を登用する行為を指した。

もっとも、皇帝が欲しがる人材と、王朝体制の上層を占めるエスタブリッシュメントたちが

百度百科

胡明源

2016年甘肃省高考理科状元

胡明源，西北师范大学附属中学毕业[3]，2016年高考以690分获得甘肃省理科第一名。

中文名	胡明源
国籍	中国
主要成就	甘肃省理科第一名
高三班主任	朱慧琴
父亲	胡苏刚
高中学校	西北师范大学附属中学
高考总分	690分

テレビゲームが大好きなのに2016年に甘粛省理科状元に及第した胡明源という若者を紹介する『百度百科』の記事。なお、彼の故郷の蘭州市はかつての隴西に相当する。『山月記』の李徴から1260年ほど未来の後輩である

欲しがる人材は必ずしも同じではない。

皇帝としては、君主個人に忠誠を誓う優秀な臣下が欲しいのだが、エスタブリッシュメント層は自分たちの政治的基盤を確実に継承できる人物を官界に迎えたがり、必ずしも能力的な優秀さは求めない。つまり、国家の主権者に奉仕する人物と、既得権益の継承者のどちらを体制内に入れるべきかという、いわば中華王朝版の「世襲選挙」問題だ。

この矛盾ゆえに、中華王朝の官僚登用の形式は紆余曲折をたどった。以下、現代の中国や日本にも通じる話題なので、少し詳しく書こう。

漢代の選挙は「郷挙里選（きょうきょりせん）」といい、地方官が各地の優秀な人材を王朝に推薦する形式が取られた。ただし、実態としては地方豪族（のちの貴族）の息のかかった人材が、本人の能力にかかわらず推挙される例が多くみられた。

そのため、漢を滅ぼした魏は九品官人法（きゅうひんかんじんほう）という新制度を設ける。こちらは中央が派遣する人事担当官が、世間の評判をもとに官僚候補者を九段階で評価し、政府がその評価に基づいて官職を任命する制度だ。だが、この制度もほどなく、人物本人よりも生まれ育ち（家格）を評価する制度に変質し、官僚を世襲で輩出する貴族階層の形成につながった。

そこで、六世紀末に中国を統一した隋ではじまったのが科挙である。当時は儒教の教養を持つ人物が徳の高い立派な人であると見なされていたため、その試験の成績上位者を家柄を問わず採用することにしたのだ。

科挙の試験内容は、官僚としての実務能力を正確に測れるものだったとは言いがたい。だが、当時は日本が聖徳太子の時代、ヨーロッパがゲルマン民族の大移動の混乱から抜け出しきれていなかった時代だ。貴族以外の人物でも実力試験で採用する制度は画期的な発想だった。やがて隋は短期間で滅んだが、科挙制度は次の王朝の唐でも継承された。

もっとも、唐の王朝には前時代からの貴族も数多く残り、門閥貴族と科挙官僚の対立関係も存在した。また、科挙制度が定着してからも、試験の担当部門に顔が利く高官の抱き込みが横行し、コネを持つ貴族出身者に有利な仕組みは変わらなかった。受験生が自分を合格させてくれた試験官（知貢挙（ちこうきょ））を師と仰ぎ、私的に派閥をつくる傾向もあった。

とはいえ、唐代後期には貴族出身者以外の科挙合格者が多くを占めるようになる。やがて唐末の戦乱で、過去に科挙に落第した経歴を持つ黄巣（こうそう）や李振（りしん）らの反乱勢力が、往年の憂さ晴らしとばかりに貴族層を徹底して虐殺。結果、次の宋の時代には貴族に配慮しない形で科挙をおこなうことが可能になった。

中華王朝における「世襲選挙」問題は、世襲を続ける既得権益層を皆殺しにするという過激な方法で、最終的に解決されてしまったのだ。

「恩賜の学者」になるために

現代の中国や日本でイメージされがちな科挙の形式は、主に宋代以降に整備されたものである。

貴族層が没落した宋代以降の中国では、国家のあらゆる権力が皇帝に集中する皇帝独裁制度が確立し、かつてのような皇帝の地位をも簒奪（さんだつ）しかねない権臣（『三国志演義』の董卓（とうたく）や曹操のような人物）はほとんど出現しなくなった。世襲による官僚の任用制度はそれでも存在したが、官界のメインの出世ルートではなくなっている。

科挙においても、受験生と試験官が私党をつくることを防ぐ目的から、地方と中央での二回の学科試験のあとに皇帝自らが最終試験の試験官になる殿試（でんし）が導入された。この殿試の第一位・二位・三位が、現代中国の高考上位者の呼称でもある状元・榜眼・探花だ。

その後、科挙はモンゴル人の元の支配下で一時中断されたものの、漢民族の知識層を懐柔する目的もあって復活。続く明清時代にはいっそうシステマティックに洗練された。

もっとも、明清時代の科挙は殿試の合格までに予備試験も含めれば六回以上の考査を課すという、非常に煩雑な形式になった。なお「六回」は主な試験だけであり、実際にはこれらの間にも小試験がある。

以下、科挙研究の古典的名著である宮崎市定（いちさだ）の『科挙　中国の試験地獄』（中公新書）の記述に基づいて、清代の例を説明していこう。

受験者はまず、童試（どうし）と呼ばれる三回の地方予備試験に合格することで、生員という身分を与えられる。生員は形式上は学生だが、すでに庶民とは別格の知識人として認められる身分である。

次におこなわれるのが、各地の省都で通常三年に一回開かれる最初の本試験・郷試だ。こちらは、貢院（こういん）と呼ばれる受験専門施設に一万〜数万人の生員が集まり、四〇〜九〇人ほどが合格する。合格者は挙人（きょじん）と呼ばれ、この身分の時点で非常に尊敬される立場になる。

次の試験が首都の北京でおこなわれる会試（かいし）だ。地方から一万数千人の挙人が集まって三回の筆記試験をおこない、数百人が合格する。これを突破すると皇帝が試験官を務める殿試に進むが、殿試では不合格者を出さない不文律があり、実質的には状元以下の順位を決めるイベントである。すべてに合格した人物は進士（しんし）の称号が与えられた。

進士はかつて、英語で「ドクター」と訳されていたが、称号を取得する難易度はおそらく博士号よりも高い。近年は進士に「presented scholar」（恩賜の学者）という訳語を充てることが多いようだ。

「書中にはゼニが落ちている」

科挙に合格して進士――。どころか、予備試験を突破して生員になるだけでも、四書五経をすべて暗唱し、さらに歴史や詩文の膨大な書物の内容を自分の血肉にするほどの、非人間的な猛勉強が必要になる。余談ながら、清末に太平天国の乱を起こした洪秀全は、予備試験に落第して生員にすらなれなかった人物だ。

また、科挙は制度のうえではあらゆる階層の男性に受験資格が認められていたが（売買春関係者など少数の例外はある）、一族の若者を生産活動に従事させることなく受験勉強に打ち込ませるには多大な財産が必要となり、両親や親族の負担は大きかった。

ならば、どうして当時の中国人はこの試験地獄を甘受したのか。答えは簡単で、猛勉強の末には苦労が割に合うだけの見返りがあると考えられていたためである。

「富も豪邸も美女も高い身分も、書物のなかにある。男子が志を得たいならばひたすら勉学せよ」とは、中国の民間で流行した『勧学文』という詩の大意だ（作者は宋の真宗に仮託されている）。

かつて日本には「グラウンドにはゼニが落ちている」というプロ野球監督の言葉があったが、伝統中国の場合は「書中にはゼニが落ちている」ということになるだろうか。

そのため、たとえ個々の家庭は比較的貧しくても親戚同士（宗族）で学資を出し合い、一族の出来のいい子どもに科挙を受験させて官界に送り込む事例も多くみられた。

事実、科挙に合格すれば最上級の文化人として尊敬されるのみならず、官僚になればさまざまな役得ゆえに財産を築ける。仮に官途を諦めたり、挙人や生員で受験をやめたりしても、郷紳（地域の有力者）として敬意を払われ、一族全体の地位も大きく向上する。このような、政治力と経済力を併せ持った知識階級は士大夫と呼ばれた。

ちなみに近年の日本の場合、社会のリーダー層における政治・経済・学問のトップは、それぞれ分離しているのが普通である。たとえば、学界の重鎮である研究者が庶民と変わらない生活をしていたり、政治家や上場企業の社長が教養分野に無関心だったりするのは、よくある話だろう。

だが、科挙と士大夫の伝統を持つ中国の場合は、これらの三要素をすべて併せ持つ人間こそが一流の人材だ。特に政治指導者については、学識が高いほど好ましい人物だとみなされる教養主義が根強い。もちろん、そうした文人政治家にはカネも勝手についてくる。

たとえば、往年の江沢民が中国各地で盛んに揮毫（きごう）をおこない、英語やロシア語など外国語能力のアピールを好んだことや、中華民国（台湾）の総統だった李登輝（りとうき）が日本文学の素養や岩波文庫の蔵書量を誇っていたことは、中華世界の士大夫的な権力者像を多分に意識した言動だったと考えていいだろう。

この傾向がより顕著なのは習近平だ。彼は（論文の代作疑惑が根強く囁（ささや）かれるものの）清華大学の法学博士号を持ち、自身が演説で引用した古典語句を編集した『習近平用典』を刊行して共産党員に学習させるなど、知識人としての権威付けにことさら熱心である。

習近平の場合、前代までの指導者（江沢民・胡錦濤）と違って文化大革命の影響で青年期に高等教育を受けられなかった弱みがある。それゆえにいっそう、士大夫イメージを自己宣伝したがる傾向が感じられる。

真の科挙は大学受験の先にある

　ところで、現代中国の高考は、そのポジティブな側面として「中国社会で最も公平な競争」という性質が指摘されることがある。

　たとえ党高官の子どもでも貧しい農民の子どもでも、高考の受験資格自体は公平だからだ。情実や賄賂で試験の結果が逆転するケースは比較的少なく、点数が多い人物が問答無用で勝者になる。

　世間のあらゆるものがコネや権力・資金力で左右されがちな中国社会で、純粋な実力主義が貫徹される競争はむしろ珍しい。こうした高考の公平性は、往年の科挙の影響が大きいと考えられる。

　もっとも、高考には各種の裏技もあり、特権層が子弟をあえて受験させず海外留学に送るケースも多い。幼少期からの詰め込み教育や、効率的な受験テクニックを教える塾や家庭教師を準備できる家庭は限られるため、結果的には富裕層や知識人の子どものほうが、試験で優位に立ちやすいのも確かである。

現代日本でも、受験は「課金ゲー」と呼ばれ（この傾向は私立小中学校入試でより顕著だ）、東大生の親の六割は年収九五〇万円以上の豊かな家庭だといわれる。中国の場合、この傾向はいっそう甚だしい。

そのため、習近平政権は二〇二一年七月、教育格差の元凶である学習塾の大規模規制に乗り出す大胆な政策に打って出た。現代中国の早期教育ブームに歯止めをかけて教育費の高騰を抑え、貧困層の子女にも高等教育の機会均等を保障する狙いがあったとされている。この塾規制政策によって、もともと約一二万四〇〇〇業者もあった塾は九割以上も減った。

だが、「上に政策あれば下に対策あり」が中国の社会である。

当局が塾を規制したところ、子ども向けのピアノ教室や絵画教室を装ったヤミ塾が多数登場し、家庭教師産業も従来以上に活発になった。これらを利用する中産階層の教育費負担はかえって増大し、政策は裏目に出ているという。

ちなみに、現政権の「廃塾令」のあおりは、意外な人たちに及んでいる。それはすでに高考を終えた高学歴の若者層だ。近年の中国では、大学を卒業したあとに自分が納得できる就職先を見つけられない問題が常態化しており、学習塾はこうしたインテリ失業者たちの腰掛け先として機能していた。

その職場が習近平の廃塾令で失われてしまったのである。ただでさえ就職難で困っているなかで、最後の食い扶持（くぶち）まで削られてしまい、中国の若者の不満は高まっているとされる。ならば、こうした無為徒食に過ごすインテリ青年が、他者から尊敬されてお金持ちにもなれる立場に返り咲くには、どうすればいいか。

最も確実な方法は、偉大なる国家の権威をまとうことだ。

ゆえに二〇二四年、中国の国家公務員試験の出願者数は過去最高の三〇三万人を記録し、倍率は七七倍（最も人気の職種は倍率三五七二倍）にも達した。

私の友人で二十代後半の中国人男性は、近年の風潮をこう皮肉る。

「文字どおりの官僚登用ですから、実態としては高考よりも公務員試験のほうが『科挙』っぽい感じがあります。往年は儒教で現在は習近平思想という、体制側のイデオロギーを受け入れて国家にすべてを捧げることで、人生の一発逆転を狙えるわけですからね（笑）」

多くの受験生を悩ませる高考は、往年でいえば予備試験の「童試」にすぎない。本物の科挙は国家公務員試験のほうなのだ。

熾烈（しれつ）すぎる競争と試験地獄は、王朝時代も現代も変わらない中国の伝統なのである。

漢詩と李白——実はバリバリ現役の「役に立つ学問」

中華系美少女ゲームに登場する奇妙なセリフ

『原神』というゲームをご存じだろうか？

これは中国のソーシャルゲーム企業・ｍｉＨｏＹｏ（上海米哈遊）が二〇二〇年九月にリリースした、オープンワールド・アクションＲＰＧだ。アニメ調のハイクオリティな美少女のキャラクターのデザインと、広大な世界を探索する面白さが評判の作品である。

Ａｎｄｒｏｉｄ・ｉＯＳ・ＰＳ４（翌年にＰＳ５も）など各種のプラットフォームで展開した『原神』は、中国のみならず世界各国で人気を博し、Ｇｏｏｇｌｅ　ＰｌａｙとアップルのＡｐｐｓｔｏｒｅの双方で二〇二〇年のゲーム部門大賞を獲得した。

もちろん日本でも好評で、リリースから四年後の現在でも秋葉原などでしばしば大きな看板広告が出ている。日本語版の声優陣には、堀江由衣・田中理恵・田村ゆかり・小清水亜美ほか数多くのビッグネームが名を連ねており、中国企業の資本力を感じる作品でもある。

一方、ｍｉＨｏＹｏの社名が初音ミクを意識して命名されている点からもわかるように、『原神』の作風は日本のアニメやゲームの影響を強く受けている。というより、中国のゲームだと言われなければしばらく気がつかないほど、日本のゲームそのままに見える。

ただ、注意深く観察すると、キャラクターのセリフや固有名詞から「中国」らしい要素が感じ取れる。

「『今人は見ず古時の月、今月はかつて古人を照らせり』っていうけど…じゃあ、師匠が昔見た月と今空に浮かんでる月は同じものなの？」

こちらは二〇二三年九月二十九日、『原神』のＸ（旧ツイッター）日本向け広報アカウントがポストした、女性キャラクターのセリフである。

この時期はちょうど中国の中秋節（チヨンチユウジエ）（中秋の名月を愛（め）でる祝日）にあたり、ゲーム内では全世界的に中秋節イベントがおこなわれていた。『原神』は中国のゲームなので、セリフのテキストは本来は中国語で書かれたと思われる。

李白の漢詩を引用する中華ゲーム

このセリフに登場する言葉の原典は「今人不見古時月、今月曾経照古人」。すなわち、唐の詩人・李白の七言古詩「把酒問月」（酒を把りて月に問う）の一節である。これは李白が月に向けて語りかけた内容の漢詩で、引用部分は、はるか昔から月がこの世を照らし続けていることを述べたものだ。

ほかにも『原神』に登場するセリフや固有名詞には、中国古典や漢詩を踏まえたものがかなり多い。作中の漢語表現の解釈をおこなっているXのファンアカウント「原神漢字研究所」（@genshin_kanji）によると、ほかにも以下のような事例が確認されているという。

- あるキャラクターが送ったメールの文中にある「寒を凌いで独り自ら開く」という引用句は、北宋の王安石の五言絶句「梅花」のなかの「凌寒独自開」から。

- ゲーム中の選択肢に登場する「独り西楼に登れば」は、五代十国南唐の最後の国主で詩人だった李煜の詩「相見歓」のなかの「無言独上西楼」（言無く独り西楼に上る）から。
- キャラクター「ヨォーヨ」の必殺技名「玉顆珊々月中落」や彼女の操作チュートリアル動画「雲にまで漂い昇る木犀の香り」の元ネタは、おそらくは初唐の詩人・駱賓王の詩「霊隠寺」の一節「桂子月中落、天香雲外飄」（桂子月中より落ち、天香雲外に飄る）から。

2023年の中秋節イベントの際に『原神』日本語公式Xアカウントがおこなったポスト

「原神漢字研究所」によると、『原神』にはほかにも『詩経』や『孟子』『荘子』『孫子』などの中国古典が元ネタの表現がみられるようだ（ほかに『万葉集』や世阿弥など日本の文学作品がべースになっていることもある)。

また、同じく日本で人気の中華系ソーシャルゲームの『アズールレーン』や『ニキ』シリーズなどでも、章の題名や必殺技などに漢文調の言葉が使われている事例がある。

なかでも、蘇州の会社が開発した美少女着せ替えゲームの『ニキ』シリーズは、ゲーム中で「唐王朝風のコーデをしよう」といった歴史系のミッションが少なくない。『原神』と違ってそれを考察するファンアカウントなどは存在しないものの、漢詩が元ネタのセリフやアイテムは多そうに思える。

ほぼ義務教育の範囲内だった

こうした中華系ゲームのテキストからは、「さすが中国」と思わせる教養を感じる。ただし、これらは中国国内の人たちにとって、日本人が想像するほどには深い教養ではないという点にも注意が必要である。

理由は中国における漢詩教育だ。

私は一つ前の「科挙」の節で、現代中国の詰め込み教育や受験地獄について紹介した。これは彼らの古典である漢詩の教育についても同様だ。

強烈な学習熱は早期教育の世界にも及んでおり、ネットをちょっと検索するだけで「二歳の子どもが必ず暗唱するべき漢詩三〇首」や「三歳までに絶対に覚える五〇首」といったおそるべき内容の記事が数多く見つかる。

抖音（ドウイン）（中国版のＴｉｋＴｏｋ）を開いても、二～三歳児が舌足らずな口調で、李白の「静夜思」や孟浩然（もうこうねん）の「春暁」を次々と暗唱する動画をいくつも確認できる。ちなみに「春暁」とは、「春眠暁（あかつき）を覚えず」の一節で有名な例の漢詩だ。

二〇一八年には、中国国営放送ＣＣＴＶの番組『中国詞句大会』に、八歳で漢詩六〇〇〇首以上を暗唱できるというスーパー女児が登場した。番組中で紹介されたところでは、彼女は二歳九カ月の時点ですでに一〇〇首を覚えていたという。

もっとも、この話題を紹介したニュースサイト『新浪網』の掲載記事は、過剰な早期教育が子どもの心身にもたらす害を警告しており、中国人の間でもさすがにやりすぎを心配する人がいるようだ。

とはいえ、教育熱心な家庭で育った現代中国の若者は、子どものうちに有名な漢詩にあらかた触れている。

また、そもそも中国では、政府が定めた義務教育課程標準（日本でいう学習指導要領）の範疇に限っても、小学生のうちに七五首の漢詩を習うことになっている。たとえ辺境の農村の子どもであっても、小学校にさえ通っていればかなりの数の漢詩を目にしているのだ。

事実、『原神』に出てくる李白の「把酒問月」や王安石の「梅花」は、政府の義務教育課程標準には含まれていないものの、ちょっと教育熱心な親がいる子どもであれば小学生までに必ず触れていると思える漢詩だ。

同じくヨォーヨの必殺技名の元ネタである駱賓王も、彼が七歳にして作詩したと伝わる「詠鵝」（鵝を詠む）は、中国の幼児が人生で一首目に覚える漢詩である。子どもにとっては李白や杜甫よりも先に名前を聞く有名人なのだ。

さらに李煜の「相見歓」は、中国の義務教育課程標準では中学校で必修である。しかも、一九八三年にテレサ・テン（鄧麗君）がこの漢詩をそのまま歌にした歌謡曲「独上西楼」を発表しているため、中国社会では懐メロの歌詞として広く知られている。

『原神』に出てきた古典由来の言葉は、実は現代中国の若者にとって身近なものばかりなのだ。彼らが自分の意志で作品に触れたのか、詩句の意味を理解しているのかはさておき、中国人の間でこの程度の漢詩は「教養以前」の代物なのである。

田中角栄の漢詩と毛沢東の嫌がらせ

漢詩の歴史について、ごく大まかに説明しておこう。

中国では後漢末から、曹操・曹丕・曹植親子のもとで五言詩や七言詩と呼ばれる定型的な詩の形が定まりはじめた。曹操・曹丕は三国志の魏を建国した政治家であり、中華帝国の権力者は一流の文化人かつ詩人であるべしという意識も、この時代から生まれた。

漢詩の最盛期は唐代だ（唐詩）。なかでも九代目の皇帝・玄宗の時代からの約五十年間は、中国文学の世界では盛唐と呼ばれ、李白や杜甫・王維・孟浩然など日本でも名が知られる詩人たちが活躍した。続く中唐の時代にも白居易・韓愈・柳宗元が出た。次の王朝である宋も名作が多く（宋詞）、この時代には蘇軾をはじめ欧陽脩や王安石など政治家の文人がより目立つようになった。

官僚登用試験である科挙でも詩文の才が要求された。やがて時代が下ると、受験対策のために漢詩を学ぶ人が増えすぎて実際の作品はかえってつまらなくなったが、政治権力を持つ者は漢詩を解すべしとする考えは中国社会を覆い続けた。

近代に入ると、従来のような五言・七言の型にはまった詩型は不人気になった。とはいえ詩そのものは知識人の嗜みとして健在で、魯迅や毛沢東などの有名人も数多くの作品を残している（現代詩）。

若き日の周恩来が日本留学中に京都で詠んだ「雨中嵐山」は、現在でも関西地方の日中友好運動の現場でしばしば取り上げられる。周恩来の一首に限らず、漢詩は日本でも長年にわたり愛好されてきた文化であり、しかも中国側の顔を立てる姿勢を示せるため、伝統的に日中友好運動との相性がいい。

もっとも、一九七二年の日中国交正常化の際に田中角栄が毛沢東に贈った漢詩（らしきもの）は、漢文法や平仄がめちゃくちゃで物笑いの種になった。毛沢東はこの際、田中に『楚辞集注』（戦国時代の楚の詩集『楚辞』に、南宋の朱熹が注釈を加えた書物）を贈り返している。

毛沢東が古詩集を贈った理由は「漢詩を基礎から勉強し直せ」という皮肉だったという巷説があるが、実際はより明確な含意があったようだ。

田中は訪中後、中国側が開いた歓迎宴会の席で、往年の戦争被害について「ご迷惑をお掛けし」と発言、中国側の強い反発を招いていた。

一方、『楚辞』には「迷惑」という単語のルーツとなる表現「中瞀乱兮迷惑」（中瞀乱して迷惑す）が含まれている。ここでの「迷惑」は「迷う」くらいの意味だ。

毛沢東があえて『楚辞集注』を贈ったのは、戦争被害を「迷惑」と表現することの不適切さを認識せよ、というメッセージを婉曲に伝えたものだったのだろう。

もっとも、田中は日本に帰国してから書物を開いたと伝わっており、そもそも全六巻ある書物から解説もなしに特定の二文字を見つけ出すのは至難の業だ。毛沢東の意図が田中に正確に伝わったかは疑わしい。

中国の文人的なイヤミは、手法が高尚すぎるせいで、理解が難しいのである。

江沢民、詩を賦す

その後の中国の政治家に、毛沢東並みの高等テクニックを駆使する人はさすがにいない。とはいえ、演説で古詩を引用したり、外交の舞台で詩集を贈ったりと、彼らの間で漢詩は相変わらず活用されている。

指導者が自ら漢詩を詠むことについても、次代の鄧小平は好まなかったものの、その次の江沢民や朱鎔基（元総理）は詩作ができた。彼らはエンジニア出身の理系だが、中華人民共和国の成立前に大学教育を受けた最後の世代であり、エリートの嗜みとして伝統的な文人教養も身につけていたのだろう。

特に江沢民は作品が多く、なんと一九九八年の来日時に仙台を訪れた際は、市内の広瀬川を詠み込んだ漢詩をつくっている。それ以外にも、李白の「早発白帝城」を本歌取りしてキューバのカストロ議長に贈った詩、ボアオ・アジアフォーラムの開催や人民解放軍のミサイルを題材とする詩など、中国の国家主席ならではのユニークな作品が多い。

もっとも、詩才は部下の朱鎔基のほうが評価されていたようだ。なかでも二〇〇一年に彼が夫人との思い出の地である湖南省の洞庭湖で詠んだ七言律詩は、党の媒体の『人民日報』ではなく詩の専門誌『中華詩詞』で発表された。老政治家が人生を振り返った佳作として、この一首は世間でも好意的に受け止められたようである。

一方、次代の胡錦濤の時代には、政権末期に興味深い詩が登場した。

胡習交代期（胡錦濤から習近平への権力移譲期）の中国共産党は、胡錦濤派と江沢民派の権力闘争が激しく、二〇一二年三月には胡錦濤の腹心だった令計画が息子のスキャンダルで降格（のちに失脚）を余儀なくされた。

このしばらく後、令計画の作とされる漢詩がネットで広く出回ったのである。

この詩は七言律詩のわずか五六文字にもかかわらず、目下の党内闘争を前漢の内紛である呉楚七国の乱（前一五四年）になぞらえ、胡錦濤を漢の景帝、江沢民を乱の首謀者である皇族の劉濞、そして自分（令計画）を乱で粛清された家臣の晁錯にそれぞれ喩えつつ、さらに漢の武帝や清の光緒帝のエピソードも盛り込むという極めて秀逸な内容だった。さらに全体のつくりは、唐の韓愈の詩「左遷至藍関示姪孫湘」（左遷され藍関に至りて姪孫湘に示す）を模している。

この怪作が本当に令計画の作だったかはさておき、彼と近い立場にある教養人が書いた可能性は高そうに思える。ちなみにこの詩には、胡錦濤による返事とされる作品も伝わっているのだが、やや出来が悪いのでこちらは明らかに偽作だろう。

ほか、同じく胡習交代期にクーデターを計画して失脚したとされる高官の薄熙来についても、獄中で記したとされる漢詩が世間に伝わっている。まずもって偽物だが、こちらもなかなかの出来である。

主君の寵を失った重臣がはかない運命を嘆く詩を詠み、それに主君が返歌をものする話や、野望が潰えて下獄した梟雄が人生を振り返って詩を賦すといった話は、いかにも王朝時代めいている。だが、二〇一二年の現代でも、党高官たちのそうしたエピソードが「ありうべきこと」として伝えられるのが中国という国である。

習近平のトホホな詩作

一方、毛沢東・江沢民・胡錦濤（？）の詩作に対して、現在の指導者である習近平の場合はどうか。

実は習近平も漢詩を作っている。彼が三十代で福建省福州市のトップに就任した直後である一九九〇年代前半に詠んだ、「念奴嬌（ねんどきょう）・追思焦裕禄（ついししょうゆうろく）」と「軍民情・七律」という二首が伝わっているのだ。前者は中国共産党の理想的な地方幹部とされる焦裕禄を記念した散文調の現代詩、後者は軍隊との交流イベントのなかで発表した七言律詩である。せっかくなので、比較的短い「軍民情」を引用しておこう。

挽住雲河洗天青　閩山閩水物華新
小梅正吐黄金蕊　老榕先掬碧玉心

君駁南風冬亦暖　我臨東海情同深
難得挙城作一慶　愛我人民愛我軍

細かな意味は解説しない。ただ、田中角栄の作品よりはマシとはいえ、習近平の漢詩は素人目で見てもあまり上手ではなさそうだ。

まず、全体的に言葉選びが凡庸で、なかでも第五句と第六句の対句表現は野暮ったい。しかも、詩的な古漢語（グウハンユイ）（漢文）を使うことにだんだん疲れてしまったのか、第六句あたりから現代中国語の表現が多く混じりはじめる。とりわけ最後の「愛我人民愛我軍」は、「私の人民大好き、私の軍隊大好き」くらいの意味で、まったく洗練されていない。

その後の詩作がない点を考えても、習近平はこの作品を、新任の地方官僚としての職務上の必要からやむを得ず詠んだものと思われる。一方で「追思焦裕禄」はもうすこし出来がいいのだが、「軍民情」と同時期の作品にもかかわらず詩風や言葉づかいが違いすぎるため、ひょっとしてゴーストライターに書かせたのではないかという別の邪推も生まれる（ちなみに習近平の清華大学の博士論文は、代筆者がいた可能性が高いとみられている）。

だが、現政権下で習近平の個人崇拝が進んだことで、いまやこの二首は中国共産党員の学習対象に含まれている。二〇一八年にはCCTVの習近平礼賛番組『平「語」近人』で、「追思焦裕禄」を会場にいる数十人で朗読するという不気味な企画も放送された。

習近平の漢詩好きは、党の媒体でしばしばアナウンスされている。彼は特に毛沢東の詩がお気に入りで、二〇一二年の党総書記就任以降の約十年間で、八〇回以上も演説に引用したと伝わる。

彼本人はわずか二首しか詩を残していないものの、「偉大な詩人」でもあった毛沢東を、文化的な面でも強く意識しているのだろう。

ラブレターに漢詩を書く中国人

現代の日本社会において、詩の存在感はあまり大きくない。いわんや、国家の重要人物が盛んに詩を詠んだり会話に引用したりする例は、皇室関係者の和歌を除けばほとんどみられないはずだ。前近代の和歌や俳句も、ビジネスインフルエンサーの間で古典教育不要論がしばしば主張されるほど人気がない。

だが、中国は事情が異なる。

近年の中国共産党で党常務委員クラスの高官に選ばれるには、本人の政治的実績や学歴・人脈などのほかに、一定の古典知識の有無も考慮されている模様だ。

胡耀邦や李克強のような人気の高い政治家が死去した際に、知識人が追悼の詩を捧げたり、反体制派がご政道を批判するために作詩したりと、政治的な意思表示のために民間人（知識人）が詩を用いる例も非常に多い。

より俗っぽい話をすれば、ラブレターに詩を含める習慣も、中国ではスマホのメッセージアプリが普及する二〇一〇年代半ばまで広くみられた。現在でも多少は残っているだろう。この愛の詩は自作する場合も、『詩経』や唐の白居易の作品などからロマンチックな章句を引用する場合もある。

また、往年のテレサ・テンの歌謡曲には「独上西楼」に限らず唐宋時代の漢詩をそのまま歌った曲が多々あり、その多くは次代の歌姫であるフェイ・ウォン（王菲）がカバーしている。そのため、現在でも中国のカラオケ店などで漢詩を耳にする機会は少なくない。

なかでも根強い人気があるのは、中秋の名月をうたいあげた蘇軾の「水調歌頭」を歌謡曲にした「但願人長久」だろう。

子どもが唐宋時代の漢詩を大量に暗記しなくてはならない理由も、中国がこのような社会であるためだ。中国人にとって、漢詩は現代でも非常に身近な存在であり、場合によっては「役に立つ学問」ですらある。

中国における漢詩は、表舞台でまだまだ現役なのだ。

第五章

帝王

〔始皇帝／毛沢東〕

始皇帝

（前二五九〜前二一〇年）
二千二百年越しに目指す「大一統」

ネット空間に躍る大時代的なタブーワード

近年、内外の反体制的な中国人の間では、政治を風刺するさまざまなスラングが流行している。中国国内のネット上で検索や書き込みが制限されているタブーワード（敏感詞）を大量に収録しているアメリカのウェブサイト『中国数字空間』（チャイナ・デジタル・スペース）を見ていると、中国人が皮肉を言うときの発想の柔軟さにうならされるばかりだ。

興味深いのは、中国史に絡めた表現が非常に多いことである。

たとえば二〇一七年の第一九回党大会で、習近平が従来の慣例を破って政権任期の延長を事実上決めた前後には、「二次袁」「袁二」（いずれも「袁世凱二世」）と、かつて中華民国の建国初期に帝政の復活を図った袁世凱を引き合いに出した言葉が数多く登場した。

さらに当時は、袁世凱が建国しようとした中華帝国の年号である「洪憲」や、帝位継承を意味する「登基」、帝政復活を意味する「復辟」なども、中国国内のネット空間で盛んに用いられたらしく、当局によってタブーワードとされた。

ほかにも習近平が総書記就任直後にパフォーマンスとして訪問した肉まん屋の店名から取った「慶豊帝」、党のゼロコロナ政策（清零政策）に由来する「清零帝」といった禁句もある。現代中国で至高の権力を手に入れた人物を、往年の皇帝になぞらえて批判する視点は、反体制派の中国人の間ではかなりポピュラーなのだ。

こうした禁句には「習始皇」もある。

中国語で始皇帝を指す「秦始皇」をもじった言葉だ。他にもっと直接的な「当代秦始皇」（現代の始皇帝）や、始皇帝の息子で秦帝国を傾かせた二世皇帝・胡亥に基づく「習二世胡亥」「当代秦二世」などの表現も確認されている。

秦と始皇帝もまた、現代中国では身近な存在なのである。

「中国の基本要素」をつくった秦帝国

むろん、始皇帝は日本でも知名度が高い。ことに近年は『キングダム』にならって「政」と呼んだほうが通りがいいかもしれない。彼は三国志の時代から四百五十年ほど昔の人物だ。

始皇帝と秦帝国の歩みを簡単にまとめておこう。

中国の戦国時代末期の前二五九年、秦の公子・子楚（荘襄王）の子として生まれた嬴政（もしくは趙政、趙正）は、父の早逝によって十三歳で王位に就く。やがて彼が親政をはじめると、秦は「戦国の七雄」の残り六国を次々と併呑、前二二一年に中国を統一した。

大帝国の主となった嬴政は、従来の君主号である「王」の上位として、宇宙の中心たる最高存在と自身を同一視した「皇帝」を採用、最初の皇帝として始皇帝を名乗った。また、秦帝国はこれまで各国でバラバラだった度量衡や漢字の字体を統一し、中央から地方に官僚を派遣して統治させる支配体制「郡県制」を構築した。

中国史のなかでは、もっと昔の殷や周（西周）も「統一王朝」だが、実質的な統治範囲は後世から見ればごく狭い。長く続いた春秋戦国時代のなかで割拠していた各国を短期間で降(くだ)し、中華の大地を統一した秦帝国は、当時としては空前の領域を誇る存在だった。

本来は言語や文化が異なっていた人々が、同じ「中華の民」の意識を持ち、一つの巨大権力による統治を受け入れた最初の契機は、秦の統一にある。始皇帝が名乗った「皇帝」号も、二十世紀初頭に清が滅ぶまで中国で二千年以上も存在し続けた。

漢字の字体が統一されて行政に用いられ、巨大な国土を統治する手段として郡県制が採用されたことは、いずれも修正を経つつも現在の中華人民共和国まで継承されている。秦帝国は数多くの「中国の基本要素」を後世に残した国家だった。

一方、統一後の始皇帝は、新国家を安定的に経営することよりも、大宮殿や陵墓・大運河・長城などの建設事業や天子の儀礼とされる封禅(ほうぜん)の挙行、各地への巡幸といったセレモニーの実施に熱意を注いだ。彼は不老不死を望んで神仙の術に凝(こ)ったが、寿命には勝てず前二一〇年に崩御する。

始皇帝の死からほどなく、秦の急激な統一事業と苛烈な政治に不満を抱く庶民や旧六国の臣下たちが動き出し、翌年には陳勝(ちんしょう)・呉広(ごこう)の乱が勃発。戦乱が広がるなかで項羽と劉邦が台頭し、秦帝国はあっけなく崩壊した。その後、項羽との決戦に勝利した劉邦のもとで、前二〇六年に漢（前漢）王朝が開かれ、秦の覇業を継承することとなった。

古代の大帝国を築き上げた偉人ながらも、民の怨嗟の的となった暴君。

始皇帝のそうしたイメージは、日本でも中国でも基本的には変わらない。秦の土台を引き継いだ漢が、前代の統治をことさら貶める必要があったことも影響したかもしれない。

ただし、中華人民共和国においては、ときに政治的な理由から始皇帝のある属性がクローズアップされ、高い評価が与えられることがある。

始皇帝が愛した統治思想

代表的なのが、文化大革命末期の一九七三年から展開された儒法闘争（評法批儒）において、始皇帝の再評価がなされたことだ。

これは本書の「水滸伝」の節でも紹介した林彪と孔子を批判する運動、批林批孔運動の延長線上でおこなわれた政治キャンペーンである。

批林批孔運動は、孔子を批判する形式を取って、文革派グループである四人組が周恩来の追い落としを狙うという非常にややこしい運動だった。ただ、中国において歴史をダシにした権力闘争が仕掛けられること自体は、ままある話である。

　儒法闘争のなかでも、引き続き周恩来を意識した「孔孟の道」が攻撃された。この際、儒教の代わりに持ち上げられたのが、かつて儒家と激しく対立した「法家」の思想だった。

「歴史において、するべきことをなして成果を挙げた政治家はいずれも法家だった。彼らはみな法治を主張し、復古的なことよりも現在の問題を重視したのだ。対して儒家は仁義道徳を繰り返すばかりで、復古的なことばかり主張し、歴史の車輪を逆回しにしてばかりいた」

　一九七三年八月五日、毛沢東は妻の江青（四人組の一人）にこう語り、儒法闘争にお墨付きを与えている。

　ここで法家について少し説明しておこう。

　法家は徹底的な法治主義を志向した、西洋のマキャベリズムとの類似もしばしば指摘される政治思想学派だ。その元をたどれば、人間の作為や実践を捨て去る「無為」を説いた道家の思想から発展したとされる。前四世紀後半、秦の重臣として国制改革を断行し、国内を厳しく統制したことで最後は自身も処刑された商鞅という人物が、法家の先駆者の一人だ。

　その後、「性悪説」（人の本質は利己的で悪いものなので礼儀を学び秩序を保つべしとする思想）を唱えた儒家の荀子の弟子だった思想家の韓非（韓非子。始皇帝に気に入られたが讒言により毒殺された）や、秦の丞相の李斯らが法家の代表的人物となった。

商鞅・韓非・李斯という顔ぶれからもわかるように、法家は秦や始皇帝との縁が深い。

法家は、彼らと対立した儒家が重視する伝統的な家族関係や家柄など、既存秩序や情緒を否定し、君主の権力強化と法による人間支配を徹底して求めたストイックな思想である。

法家思想の厳しさを示す例として有名なのが、『韓非子』巻第二「二柄」に収録された「侵官の害」のエピソードだ。こちらは日本の高校の漢文のテキストとして登場することもあるので、知っている人もいるかもしれない。

すなわち、君主がうたたねをしていたときに、典冠（冠を管理する役人）が、君主が寒そうだからと衣服をかけてあげたところ、本来その仕事をするべき典衣（君主の衣服を管理する役人）だけではなく、気を利かせて振る舞ったはずの典冠も罰せられたという話である。

典冠が罰せられた理由は、冠の係が衣服をかける行為は彼の職域の範囲外だからだ。

たとえ君主が寒そうだと思ったとしても、官僚が本来の職分から外れた行為をおこなうことは侵官の重罪であり、甚だしくは死刑に該当する――。

法家を奉じた秦の法は、まさにこうした苛烈なものだった。統一後の秦帝国が長続きしなかったのは、法が厳しすぎて新規に支配した民たちの反発を招いたことが一因だ。

法家の主張と文化大革命

ただし、戦乱が絶えない社会で「強国」をつくりたい場合、法家が非常に有用な思想だったのも確かである。

君主の権力の無制限な拡大を認める法家思想を奉じる国では、権威主義的な国家体制ができ上がる。法の支配による社会秩序の安定と、人民の直接管理を求める法家の思想は、君主と民の間に、地域の有力者のような中間的な権力の存在を認めない。

強大な国家権力が、民を家庭や地域の絆から切り離して個人を直接支配することを理想とする考え方は、実は急進的な社会主義体制との相性がいい。法家は文革時代の中国にはぴったりの思想だったのである。

文革末期の儒法闘争のもとでは、中国史上のさまざまな人物について、「孔孟の道」をゆく儒家的な悪人と法家的な善人とに色分けするという、怪しげな歴史解釈も提唱された。

たとえば、孔子や孟子、北宋の宰相だった司馬光（しばこう）、南宋の朱熹などの大儒たちと、ついでに林彪は「悪人」である。

一方、始皇帝をはじめ商鞅・荀子・韓非・李斯、さらに法家的な傾向があるとされた漢の劉邦や三国志の曹操・諸葛亮、唐の李世民、北宋の改革派政治家だった王安石、明代の過激な陽明学者である李贄（りし）（李卓吾（りたくご））、加えて毛沢東などは「善人」だ。

さらには、漢の劉邦の妻で、夫の死後に実質的な権力を握った呂后（りょこう）や、中国史上唯一の女帝である則天武后などの女性権力者たちも「善人」とされた。これは文革期に権力を握った毛沢東夫人の江青に対する忖度ゆえと思われる。

冗談としか思えない話だが、私自身、以前に中国国内の古本屋で儒法闘争のパンフレットを見つけたので買って読んだところ、本当にこうした内容を大真面目に主張しており仰天した経験がある。

儒法闘争の主目的はあくまでも儒家（≒周恩来）の攻撃だったが、法家が褒められたことで彼らと縁が深い秦の地位が高まり、結果的に「暴君」始皇帝の再評価もおこなわれることになった。

ちなみに、中国を代表する世界遺産として知られる始皇帝陵の兵馬俑（へいばよう）が、陝西省西安市の郊外で発見されたのも、ちょうどこの時期（一九七四年）である。

文革の雰囲気が残っていた時代にもかかわらず、歴史的意義が大きい兵馬俑の発掘や保全

兵馬俑。死後も始皇帝を守り続けることが求められた。2015年5月、陝西省西安市臨潼区の秦始皇帝陵兵馬俑坑で安田峰俊撮影

がしっかりなされる結果につながった点は、荒唐無稽な儒法闘争が残した数少ない功績だと考えていい。

「台湾有事」と始皇帝

始皇帝の再評価は、当の毛沢東が始皇帝の晩年の振る舞いに批判的な見解を述べたことで、ある程度はトーンダウンした。

やがて一九七六年に毛沢東と周恩来が死に、四人組も失脚したことでプレイヤーがいなくなると、儒法闘争は立ち消えた。始皇帝の人物評価もひとまず是々非々で落ち着いた。

ところが、近年の習近平体制のもとで、秦帝国や始皇帝の評価は再び高まる気配をみせている。

今回のキーワードは「大一統（ダーイートン）」だ。

これは天下のさまざまな人々が、中華文明の一つの中央権力のもとに統合された状態のことで、多くの中国人にとっては理想と見なされる国家観である。

「我々の悠久の歴史は各民族の共同作業によって紡がれてきた。（略）秦が書体・車軌・度量衡・道徳規範を統一したことは、中国という統一された多民族国家が発展する道筋を開いた。これより後、いかなる民族が中原に入ろうとも、みな天下の統一を自らの責任であると見なして、中華文化の正統をもって任じた――」

こちらは二〇二三年八月十五日、中国共産党のプロパガンダ部門の特設サイト『学習強国』に発表された「〝大一統〟と中華民族共同体意識の確固たる形成」なる論文で引用された習近平の言葉だ（発言自体は二〇一九年九月）。

現在の中国政府の秦や始皇帝に対する評価を示すと考えていいだろう。似た主張は以前からあったものの、党の理論誌『求是』など当局系の媒体の記事や、党に忖度する中国の歴史学者が執筆した関連論文は、ここ数年で明らかに増えている。

現体制下で「大一統」が盛んに持ち上げられるのは、台湾をはじめ、新疆や香港などの周辺地域がすべて「中国」に属するべきだとする主張を裏付ける概念だからだ。ゆえに始皇帝の事績は、現代の中国共産党の価値観から見て好ましいのである。

ちなみに余談ながら、「大一統」という言葉は『春秋公羊伝（くよう）』が由来で、さらに『孟子』にも似た表現がある。

これらはいわゆる四書五経――。つまり儒家の書物なので、秦帝国の時代には「大一統」という言葉は使われていなかったはずだが、始皇帝が実質的にその最初の実践者だったことは変わりない。

実現に近づく「始皇帝の理想」

ほか、近年の中国では「定於一尊（ディンユイイーヅン）」（一尊を定む）という政治用語が登場している。これは司馬遷の歴史書『史記』「始皇帝本紀（ほんぎ）」に由来する表現で、中国の統一者たる帝王を唯一の正しき権威とする状態を指す言葉だ。

ただし、現政権下でのこの言葉の使われ方は、多少ややこしい。

当初、習近平本人が演説で言及した際には「（西側の政治制度だけが普遍的に正しいという）

定於一尊になってはいけない」と、ネガティブな用法だったのだが、二〇一八年ごろから「(習近平や党中央は)定於一尊の最高権威である」という持ち上げる文脈で、党内文献や党幹部の発言に登場するようになったからだ。

この変化については、権力を集中しすぎた習近平を遠回しに「ホメ殺し」にする目的でわざと使うようになったのか、政権内で「文革的」な気風が強まったことで始皇帝の評価が高まり用法が変わったのか、解釈が分かれるところだ。ただ、後者である可能性もある。

たとえば二〇二〇年には中国政府の海外向け雑誌『人民中国』に、「大一統」の成果として始皇帝の郡県制を称賛し、さらに「儒表法裏(ルウビャオファアリィ)」(表面上は儒家だが実質は法家)という言葉を肯定的な文脈で使ったコラムが登場した。文革末期の儒法闘争を連想させる内容だ。

強大な権力が個々人を支配して「強国」を目指す法家思想を奉じた始皇帝の理想は、中国式の法治と「国家安全」を強調しつつデジタルツールを駆使して全人民を管理しようとする現代の中国共産党のもとで、最も実現に近づいているのかもしれない。

毛沢東

（一八九三～一九七六年）

Ｚ世代すら惹きつける魔人

ゼロコロナ政策を見通した「予言の書」

王力雄（ワンリーション）という人物をご存じだろうか？

中国の社会崩壊を描いた政治小説『黄禍』（一九九一年）や、深刻な少数民族問題が存在する新疆ウイグル自治区がテーマのルポ『私の西域、君の東トルキスタン』（二〇〇七年）など、数多くの問題作を発表してきた中国の反体制作家だ。その作風にもかかわらず、彼はなんと中国国内に在住しており、当局の厳しい監視下に置かれながら創作活動を継続、香港や台湾などの出版社を通じて作品を刊行してきた。

そんな王力雄が二〇一七年十二月に発表した、現代中国の監視社会を描く『大典（ダーディエン）』という政治ファンタジー小説がある。日本語版は『セレモニー』といい、二〇一九年に藤原書店から刊行された（以下、本書では邦題で表記する）。

同作はコロナ禍の二年前に刊行されたにもかかわらず、中国の現体制下における感染症パンデミックの発生とコミュニティの強制封鎖、国民のデジタル監視による感染者の洗い出し作戦などをリアルに描いた怪作だ。

明らかに習近平がモデルの「主席」の過剰反応による徹底的な防疫処置が、官僚たちの忖度によって暴走し、政治や社会に深刻な混乱をもたらす描写は、現実のゼロコロナ政策の悲劇を連想させる。一種の予言の書として読めてしまう恐るべき作品である。

この物語は中盤、現体制下で強大な権限を握ったインテリジェンス部門の高官・老叔（ラオシュー）が、失脚を避けるために国民監視用のハイテク技術を逆用、「主席」を暗殺することで大きく転換する。最高権力を握った老叔は自身の生き残りを目的に、毛沢東の文化大革命の論理を持ち出して「中国の民主化」を宣言。ハイテク技術と人々の私利私欲を利用して反対派を排除していく。

その老叔が、小説のクライマックスで小道具的に利用したのが、現代中国に存在する「毛派」（毛沢東主義者）たちだった。クーデターの鎮圧に来た特殊警察部隊の前に、毛派の活動家に扇動された上京陳情民（行政・司法のトラブルを北京に訴えに来た地方の貧困層）のデモ隊を配置し、妨害に成功するシーンがあるのだ。

「負け組」の救いとしての毛沢東

上京陳情民の毛派シンパたちについて、『セレモニー』の作中の説明から二カ所を引用しよう。

彼らはことを起こすとき、しばしば、毛沢東とその言葉の一言一句を錦の御旗にする。（略）。とりわけ、彼らは、毛が発動した文化大革命における彼のさまざまな発言に基づいて、こんにちは〝資本主義の復活〟そのままではないかと考えていた。

政府による情報の封殺と、宣伝による洗脳の結果、彼ら底辺の民衆は、自分の頭で考えるためのリソースを持っていない。彼らはひたすら、毛沢東のなかに自分たちが現実に対抗するための思想的な武器を見出していた。

そしてそれは、彼らの現実に対する不満と相まって、毛その人に対する崇拝へと変化し、いまでは、中国の社会における広汎な一思潮を形成するまでに成長していた。彼らは、エリート層からは、〝毛沢東ファン〟、もしくは〝毛左翼〟と、侮蔑のこもった名称で呼ばれていたが、彼ら自身は、〝毛派〟と自称していた。

（いずれも『セレモニー』邦訳版三四五ページより。原文に適宜改行をおこなった）

中国は社会主義国家のはずだが、極めて深刻な格差が存在する。

二〇二〇年五月には、当時の総理の李克強が「国民の六億人の月収が一〇〇〇元（約二万二〇〇〇円）前後である」と発言したことが話題になった。この数字は高齢者などの非労働人口も含めたものとみられるが、華やかなビル街を闊歩（かっぽ）して気軽に海外旅行に行くようなリッチな市民は、割合でいえば中国人の一部にすぎない。

中国経済の高度成長がはじまった三十年ほど前なら、持たざる者でも才覚次第でのし上がれる余地があった。だが、現在の社会は階層が完全に固定化している。

王力雄が『セレモニー』で描いた毛派の上京陳情民は、カネもコネも学歴もなく、今後の社会上昇も見込めない人々だ。作中に描写はないが、年齢もおそらく中高年だろう。

現代中国における毛沢東は、こうした「負け組」たちの最後の拠りどころとして機能している面がある。

しかも不気味なのは、現代中国の社会では、「負け組」のほうが成功者よりも圧倒的に多いという事実だ。

「乱世の奸雄」の魅力と功罪

毛沢東（一八九三～一九七六年）の人生について、多くを説明する必要はないだろう。

彼は一九二一年に結成された中国共産党の初期メンバーの一人で、やがて一九三五年の遵義（じゅんぎ）会議で党の実権を掌握、長征と抗日戦争・国共内戦を戦い抜いて一九四九年十月に中華人民共和国を建国した。ただ、建国後の毛沢東は絶大な権威こそ持ち続けたものの、急激な社会主義建設を目指して経済政策に失敗し、政治的な実権が低下。しかし一九六六年に発動した文化大革命によってナンバー2だった劉少奇ら党幹部を多数失脚させ、その後は死ぬまで最高権力者として君臨した。

中国の伝統的な農民反乱をモデルにした「農村から都市を包囲する」革命戦略や、弱者が強者に勝つための遊撃戦論は、現在でも世界各国の反政府ゲリラたちのお手本である。また、毛沢東の福々しい外見や、地方視察時に見せた（かに見える）気さくで泥臭いキャラクターは、いずれも中国の庶民が望む帝王像と合致していた。毛沢東は古典の教養豊かな詩人でもあり、知識人でも容易には逆らえない。

彼が文革で「大民主（ダーミンヂユウ）」を唱え、硬直した党官僚体制を破壊することで人民を国家の主役に近づけたように見えたことも、当時の人々からは歓迎された（『セレモニー』の老叔も、この論理で中国の民主化を正当化している）。

一方、毛沢東は「同志」に対する情が薄く、いかなる人物でも、無用になれば切り捨てて生き残りを図った。大躍進政策で五〇〇〇万人以上ともいう国民が犠牲になっても、整風運動・反右派闘争・文革といった政治キャンペーンで無関係の人間や文物が甚大な被害を被っても、ほとんど心を痛めた様子はみられない。

彼と同じく権謀術数と軍事的才能に長（た）け、優秀な詩人でもあった中国史上の帝王には、三国志の曹操がいる。曹操は史書のなかで「非常の人」「乱世の奸雄（かんゆう）」と形容されたが、この評価は毛沢東にも当てはまる。

距離を置いた立場から見れば、残酷な部分も含めて一種の魅力を持つ人物なのも事実だ。

ネタ扱いとノスタルジー

一方、中国社会における毛沢東は、生前は「神様」そのものだった。特に文革期は個人崇拝が頂点に達し、毛沢東から下賜（かし）されたマンゴーを学生や労働者が崇拝対象にしたような珍事件まで起きている。

ただし彼の死後、この評価は修正された。文革で「実権派」（走資派）として打倒された党幹部が復権した一九八一年、党は毛沢東を「功績第一、誤り第二」とし、文革を明確な錯誤であると規定する歴史決議を発表。次代の最高指導者になった鄧小平は、毛について「やりすぎ三割、功績七割」と評した。

中国では近年まで、この公的評価が定着してきた。その後に権力を継承した江沢民と胡錦濤は、いずれも鄧小平が抜擢（ばってき）した「弟子」であり、毛沢東の評価も受け継いだのだ。

鄧小平時代以降の中国共産党は、往年の個人崇拝を否定し、個人の独裁を阻むための集団指導体制と最高指導者の任期制を採用する。また、文革時代では絶対のタブーだった市場経済を認める改革開放政策も導入した。

そのため往年の階級闘争も否定され、江沢民期には三個代表（三つの代表）なる理論のもと、党がこれまで敵視してきたはずの資本家の入党までも許されることになった。

私の経験でも、この時期の中国の若者の間での毛沢東は完全に「過去の人」で、大学の毛沢東思想の講義は退屈な授業の代名詞のように扱われていた記憶がある。

当時は人民元の紙幣に毛沢東が単独で登場したものの（一九九九年までは一〇〇元札にのみ、周恩来・劉少奇・朱徳と並ぶ形で毛沢東が描かれていた）、私と縁が深かった広東省の深圳市では、毛沢東は半ばネタ扱いの対象だった。深圳市は改革開放政策を象徴する南方の経済特区で、鄧小平が生んだ街だからだ。

だが、資本主義を認めた中国共産党は、やがて統治の正当性の揺らぎに直面する。共産主義への道をほぼ放棄し、党国一致の一党専制体制だけを残す「共産党」に、人民を統治する資格はあるのかという当然の疑問が生じたのだ。

かつての毛沢東時代は、人々は貧しくても「平等」で、毛沢東思想の貫徹と共産主義社会の実現という国民共通の目標も存在した。だが、鄧小平時代からは「カネ」以外の目標が消滅してしまった。経済発展と並行して党高官たちが既得権益層に変わり、極端な腐敗も横行した。

2012年9月18日、尖閣諸島国有化問題に反発して発生した反日デモの現場（北京の日本大使館前）に登場した大量の毛沢東の肖像画。当時は中国各地のデモ現場で掲げられた（EPA＝時事）

そのためゼロ年代からは、現状を問題視した人たちの間で、中国の将来についてさまざまな思想が議論されるようになった。

本書の第四章「孔子」の節でも紹介したように、政治の民主化を求めるリベラル派や、儒教国家の建設を唱える新儒家などが、百家争鳴の論争を繰り広げていた時期である。

そのなかには、毛沢東時代を懐かしむ復古主義的な主張も含まれていた。これは当初はキワモノ的な扱いを受けたが、社会矛盾が拡大するにつれて徐々に力を持ちはじめる。

二〇〇八年には現体制を「修正主義統治集団」と規定した中国毛沢東主義共産党という政治グループが出現している（すぐに弾圧されたが）。さらに『烏有之郷』（ユートピア）

や『毛沢東旗幟網』など、毛沢東思想に共鳴する複数のネットコミュニティも誕生した。中国ではもともと、地方を中心に高齢者の間で毛沢東の人気が高い。ゆえに毛沢東ノスタルジーを利用する政治家も現れた。

その代表的な人物が、かつて重慶市のトップだった薄熙来だ。彼は二〇一〇年代前半、「打黒唱紅（ダアヘイチャンホン）」というマフィア摘発と毛沢東時代の革命歌謡を歌う大衆動員キャンペーンをセットでおこない、地域住民の支持を得た。当時の薄熙来は習近平に代わって次代の党指導部入りを狙っており（その後に失脚）、野心のために毛沢東を利用したのだった。

二〇一二年秋に尖閣諸島問題をめぐって起きた反日デモでも、北京の日本大使館を取り巻くデモ隊のなかに大量の毛沢東の肖像画が登場した。

毛派の姿は、中国の社会で可視化されはじめた。

悩める若者、マオイストになる

二〇一七年に発表された『セレモニー』は、毛派について、地方の「底辺の民衆」と説明している。これは薄熙来のキャンペーンや、反日デモの現場に登場した人たちと合致する人物像だ。ただ、実は彼らは古いタイプの毛派であり、近年は新たなタイプが登場している。それは一九九〇年代以降に生まれた、都市部のエリート層出身の「よい子」たちだ。彼らは、大学の講義で必ず触れる毛沢東やマルクス、レーニンなどの共産主義文献を真面目に学んだ結果、党の本来のイデオロギーと現実の中国社会との矛盾が許せなくなった人々である。本書ではひとまず、「ネオ・マオイスト」（ネオマオ）とでも呼んでおこう。

そもそも、二〇一二年に党総書記の座に就いた習近平は、毛派（古い毛派）の一部の支持も得た指導者だった。文革世代である彼自身も毛沢東を尊敬しており、独裁や個人崇拝を含めて、毛沢東を意識した政治スタイルを採用しがちだ。

だが、習近平の毛沢東回帰には限界がある。鄧小平が定めた集団指導体制や最高指導者の任期制までは崩せても、「修正主義」の最たるものであるはずの改革開放政策は撤回できないからだ。

中華人民共和国も現代世界の国家である以上、いまさら資本主義を否定して人民公社の時代に戻すことはできない。資本主義の弊害である格差の発生も資本家による労働者の搾取も、それらを根本的になくすことは不可能だ。習近平は二〇二一年に、「共同富裕（ゴントンフーユィ）」という概念を対症療法的に打ち出したものの、中産階層以上の国民からは反発を受けており、あまり効果をあげられていない。

ネオマオをはじめ、共産主義を原理主義的に考える人からすれば、これは不徹底甚だしい姿勢である。

結果、二〇一八年の夏に衝撃的な事件が起きた。

深圳市坪山区にある溶接機工場で、賃金の未払いや厳しすぎる管理に反発した工場ワーカーたちの労働争議が発生――。ここまでは中国でよくある話だったが、ワーカーたちは党の管理を受けない自主労働組合の設立を要求。この闘争を支援するため、左翼の学生や二十〜三十代の若い活動家たちがこぞって工場に駆けつけたのだ（佳士（ジャーシー）事件）。

共産党の国である中国における「左翼」とは、すなわち毛派やマルクス主義者のことである。数十人の若者たちは現場で国際共産主義運動を象徴する労働歌「インターナショナル」を合唱して気勢を上げた。「団結就是力量（トゥアンジエジウシーリーリヤン）」（団結は力なり）など、毛沢東時代のスローガンも飛び出した。

一連の動きに対して、古い毛派のネットコミュニティである『烏有之郷』や『毛沢東旗幟網』なども続々と「感心な若者」への賛意を表明。現場にはこれらのサイトのメンバーである、往年の時代を知る四〇人ほどの老共産党員たちも応援にやってきた。

もっとも、支援運動の中心はあくまでも若者たちだ。佳士事件には北京大学や中国人民大学など中国国内の十数校の学生団体が支持声明を出したほか、当時はまだ政治的に自由だった香港の大学からも賛同の声が出た。

ＢＢＣ中国語版の記事によれば、闘争に参加したネオマオ青年たちはほとんどが豊かな家庭の生まれだが（自分を「既得権益層」と発言した学生もいた）、中国社会の矛盾を座視できず左傾したのだという。

運動のリーダー格は、中山大学大学院の修士号を持つ沈夢雨（シェンモンユィ）と、北京大学を卒業したばかりの岳昕（ユエシン）。いずれも一九九〇年代生まれの若い女性の活動家である。

彼女らは誰もが羨む名門大学の出身者だが、たとえば沈夢雨は大学院修了後に広東省の日系企業の工場でいちワーカーとして働く進路を選ぶなど、毛沢東を尊敬するマルクス主義者として実践的に労働者に寄り添う人生を決めた人物だ。

一方、岳昕はかつて北京大学の教員の性暴力事件に伴って中国版の「＃ＭｅＴｏｏ」運動（フェミニズム運動）を提唱し、全国的なムーブメントを起こした経歴を持つ「左翼」の学生運動家だった。

もっとも、支援運動の発生から数週間後、当局は工場前に陣取っていた若者らを強制的に排除し、学生と労働者ら約五〇人を拘束した。沈夢雨や岳昕はその後、「罪を認める声明」を無理やり発表させられている。

中国ではこの佳士事件を境に、ネオマオ系の学生が逮捕されたり、北京大学などのマルクス主義研究サークルの活動が妨害を受けたりするようになった。

二〇二一年二月には、毛派系のネットユーザーやウェブサイトが支援を表明していたフードデリバリー配達員の権利向上運動が弾圧される「陳国江（チエングオジヤン）事件」も起きた（中国の配達員たちの労働環境は非常に悪い）。

悲劇と喜劇は紙一重だ。まがりなりにも「共産党」を名乗る政党が、搾取に苦しむ労働者に寄り添うマルクス主義の運動を弾圧する構図は、なんとも皮肉である。

「資本主義が中国を駄目にした！」

中国の若者のネオマオ・ブームは、一連の事件を通じてむしろ強まり、広がりをみせるようになった。

経済が減速するなか、若者の就職難は深刻であり、やっと職を見つけても「996（ジヨウジヨウリヨウ）」

（朝九時から夜九時まで週六日勤務）の薄給激務が待っている。かつて好景気だった時代は、IT大手アリババ創業者の馬雲（ジャック・マー）のようなビジネスエリートの成功譚を伝える自己啓発書（「励志」と呼ばれる）が好まれたが、いまの若者の心にはさっぱり響かない。努力が報われない社会に失望して、「だめライフ」を肯定する躺平（寝そべり）という生き方も流行中だ。

そんな現代中国の若者社会で、現状打破のシンボルとしての人気を集めているのが毛沢東である。

中国のトップ校である清華大学の図書館で、二〇二〇年に最も多く借りられた書籍は『毛沢東選集』だったという（前年も一位）。ちなみに二位も、『三体』や『1Q84』『百年の孤独』などの世界的ベストセラーを抑えて、共産主義文献の『エンゲルス全集』がランクインした。若者が地下鉄やカフェで『毛沢東選集』を読む画像を、こぞってSNSに投稿する現象も起きた。

さらに不満を持つ人たちの間では、「階級闘争を忘れるな」などの毛沢東の言葉も流行している。

抑圧への抵抗と闘争を訴える中国国歌「義勇軍進行曲」や、労働歌「インターナショナル」の歌詞も、親体制派ではなくむしろ社会に批判的な若者の間でシェアされるようになった。国民の言論統制に躍起の当局も、毛沢東の言葉や国歌・共産主義歌となると規制するわけにはいかない。

やがて、地下に溜まったマグマが爆発する事件も起きる。

習近平政権のゼロコロナ政策への反発から、二〇二二年十一月末に中国各地で起きた白紙運動だ。この運動は、学生や知識人が「政治的に何も発言できない」ことを示す白い紙を掲げて集会を開いた行儀のいい社会運動と、過剰なロックダウン措置に反発して暴れた工場労働者や一般市民の騒動とが同時並行して起きた。ネオマオ系の若者が交じっていたのは、もちろん前者である。

ドイツの国際公共放送『ドイチェ・ヴェレ』の中国語版ウェブページによれば、同年十一月二十七日夜に北京市内の亮馬橋で起きた白紙運動の現場で、群衆のなかに数人の毛沢東支持者がおり、『毛沢東語録』を引用して演説をおこなっていたという。

私自身、当時の運動参加者に近い筋から聞いたところでは、四川省成都市の現場で「資本主義が中国を駄目にした！」と叫ぶネオマオらしき若者がみられたという。

十一月三十日に東京都内の新宿駅南口で在日中国人の若者がおこなった白紙運動集会に

も、佳士事件の元参加者が加わっていたと聞く。

ちなみに、白紙運動は中国のあらゆる反体制派が相乗りした運動で、ネオマオではない反資本主義者やアナーキスト、フェミニスト、ＬＧＢＴ当事者、「支黒(ヂーヘイ)」と呼ばれる悪趣味系ネットユーザーなどのほか、ゼロコロナの犠牲の大きさに憤(いきどお)ったノンポリの若者も多数加わっていた。とはいえ、ネオマオが存在感を示していたことも事実である。

死せる毛沢東、生ける「党」を揺るがす

習近平政権の成立以来、中国共産党は国内の自由な議論を片っ端から封殺してきた。前政権時代までは存在した、穏健な民主化議論や民間主導の社会改善の取り組みも、表向きはほとんど滅ぼされている。

ところが、その結果として想定外の事態が起きた。

言論統制を徹底しすぎたことで、本来はカビの生えた体制教学だったはずの毛沢東思想やマルクス主義が、閉塞感に苦しむ若者たちから「救済の思想」として再発見されたのだ。

これは体制側には、非常に危険で悩ましい事態だ。

そもそも、過去に社会主義革命を経験した主要国は、ロシアにせよ往年の中国にせよ、資本主義や現代的産業の発展が不十分で、本来は革命の条件を満たさない農業国だった。

ところが現代中国の場合、高度に発達した資本主義と産業社会・金融経済のもとでブルジョアジーが生産手段と生産物を独占し、プロレタリアートは露骨な搾取と労働疎外に苦しむ状態にあり――。つまり、共産主義の教科書に忠実な革命を実現できる「理想的」な社会環境が完璧に整っている。

もちろん国民全体から見れば、毛派やネオマオのような考えを持つ人は一部でしかない。だが、そもそも革命の先輩であるロシアのボリシェヴィキや中国共産党も、少数派が革命を起こして政権を倒した歴史を持つ。

現在の中国共産党は、西側の民主主義やリベラリズムの流入による体制変革（カラー革命）を強く警戒している。だが、かつての文革で党自身まで滅ぼしかけた毛沢東思想のほうが、「破壊力」はずっと大きい。

しかも、中国の社会で西側的な民主主義はインテリしか理解できないが、毛沢東思想はインテリにも社会の最底辺層にも、それぞれの立場に合わせた形で深く響く。

今後、習近平の権力がなんらかの理由で弱体化して社会に動揺が生じた場合、毛沢東思想は中国をいっそうの混沌に導く大きな変数になりうる。実際に革命が成功するか、また成功後に理想的な社会が実現するかはさておき、大衆を熱狂的な闘争に駆り立てる魔力は、少なくとも中国ではまだ存在しているからだ。

「誰が我々の敵か？　誰が我々の友か？」

毛沢東語録にはそんな言葉もある。

今後の中国共産党を揺るがす最も恐るべき「敵」は、西側ではなく毛沢東かもしれない。

おわりに

日本にはもともと、「シナ学」（シノロジー）という学問が存在した。

これは江戸時代まで学ばれてきた漢学の知識をベースに、西洋的な研究手法を応用して中国の伝統世界を研究する学問だ。東洋史（中国史）学・中国文学・中国哲学の三つが柱であり、漢字を対象にした文字学や中国美術の研究などもこれに含まれる。

この本でも、東洋史学に加えて中国文学・哲学の分野にまたがる話題を多く入れた。これらの三つの学問領域は、多くの大学で文学部に含まれ、近年の教育改革のなかで「役立たず」扱いされてリストラされている分野だ。しかし、現代向けに血の通った運用をすれば、本当はここまで役に立つのだ。

実のところ、それは当然の話である。

シナ学は本来、同時代の中国を理解しようという関心と表裏一体の学問だったからだ。

かつて「支那通」の筆頭として名が知られた東洋史学者の内藤湖南（一八六六～一九三四

年）は、もともとジャーナリストで、京都帝国大学退官後の晩年まで中国の時勢評論を活発におこなった。彼の一世代後の人物である橘樸（一八八一～一九四五年）も、シナ学的な知識が豊富なジャーナリストかつ評論家で、中国社会に入り込みつつ分析を進めた。

戦前、東亜同文書院や満鉄調査部などの日本の中国研究シンクタンクは、当時としては世界有数の研究水準を誇っていた。それらを担保したのも、調査員たちの根底にシナ学的な知的蓄積が豊富に存在したことだった。

だが、シナ学の不幸もこの点にあった。伝統中国の知識を踏まえたうえでの同時代の分析が、極めて高い有用性を示したことで、日本国家の中国侵略や諜報の武器として使われたのである。なにより、その筆頭的存在である内藤湖南を含めて、国策協力に抵抗感を持たないシナ学者たちも多くいた。

そのため、戦後は中国史や中国古典の研究者の間に強い反省が生まれた。

結果、贖罪意識の反動として、今度は一部の研究者のなかから、「新中国」に過剰な共感を示して毛沢東体制を礼賛する動きが出た。当時は社会主義陣営が各国のインテリ層の心をとらえていた時代だったので、マルクスの史的唯物論に基づく「世界史の基本法則」に従って中国史を解釈する学説も力を持った。中国革命を支援して世界をより理想的に変えることに「役に立つ」という部分に、学問の価値を見出す人たちも存在した。

しかし、「新中国」と毛沢東の礼賛は、やがて中国自身の資本主義化によって裏切られる。さらにソ連や東欧社会主義圏が崩壊し、マルクス主義的な歴史解釈もすたれてしまった。

二度にわたる痛恨の体験で、伝統中国を研究する日本人の間では、その学問の目的に具体的な実利性や功利性を求めないスタンスが定着した。

そもそも毛沢東時代から、現代中国の政治やイデオロギーとは距離を置く研究者の流れも存在しており、一九八〇年代以降は同時代の中国情勢に近づかない傾向が全体の主流になった。近年はすこし弱まったものの、この風潮は現在も残っている。

こんにち、同時代の中国と過去の中国が「別物」扱いされ、外交や報道、現代中国研究などの現場にシナ学的な分野の知見がほとんど反映されていない理由は、こうした経緯があるからだ。

武器としての中国史

しかし、いまや中国は日本人の経済生活や国家の安全保障に死活的な影響力を持つ国になった。ときに理不尽な行動に出る彼らを的確に分析し、場合によっては対峙していくうえで、現代はあらゆる知識が必要な時代だ。

伝統中国についてのハイレベルな知的蓄積は、日本が持つ貴重な戦略資源である。往年のシナ学の国策協力や「新中国」礼賛の失敗は忘れてはいけない。ただ、日中両国の国力が完全に逆転し、日本人の近代中国史研究者が中国側の国家安全部門に拘束される事態（二〇一九年九月）も起きる時代に、中国史という知の分野を現代中国から切り離し続けることは難しい。

加えて、専門性を持つ研究者が、一般社会の関心が高い分野に対して通俗的な情報発信を控えすぎると、そのニッチは言葉に誠実性を持たない人たちによる粗雑な言論で埋められてしまう。

これはＡｍａｚｏｎで「中国史」の書籍を検索するだけでも明らかだ。現在の日本は世論の九割近くが「中国ぎらい」の国なので、憎悪や蔑視感情を刺激するだけの単純な言説が、広く世間に染みわたる。だが、これらは単に見苦しいだけではなく、中国という深刻な実存的問題に対する認知を誤らせるので、明確に危険で有害だ。

トンデモ言論を抑えるためにも、現代におけるシナ学的な知識の重要性をむしろ積極的に示し、武器としてコントロールする方法を世間に提案したほうがいいのではないか。

私はそんなことを考えながらこの本を書いた。

もちろん、これは伝統中国を実際に研究している人たちには余計なお節介かもしれない。私は若いときにこの分野をすこしかじった程度で、現役の研究者ではない。外の人間が余計なことをいうなと眉をひそめられそうな気もする。

ただ、現在まで十数年、私は現代中国の話題を扱うフリーランスのライターとして、仕事がまったく途切れることなく暮らしてきた。

日本の世論の対中感情は悪いが、実は嫌悪と興味は紙一重だ。ゆえに中国ジャーナリズムはそれなりに競争が激しく、しかも大手新聞社を退職した元中国特派員クラスの記者たちが毎年のように新規参入する。強敵だらけで生き残るのが大変な世界だ。

私がそんな場所で息が長く活動できているのは、中国史や漢文の知識が自分の言葉の体力を大きく底上げしてくれているからだと思っている。

この知識は有用で、極めて強靭だ。なので、そのことをもっと伝えたい。

中国ぎらいの時代だからこそ、中国史を知り、それを武器にするべきなのだ。

二〇二四年八月

安田峰俊

主要参考文献

第一章

<諸葛孔明>

雑喉潤『三国志と日本人』講談社現代新書、2002年
渡邉義浩「諸葛亮像の変遷」『大東文化大學漢學會誌』(37)、1998年
姜竺卿「溫州諸葛都是諸葛亮後代」『溫州新聞網』2016-05-11（WEB）
劉詠濤「諸葛亮西南邊疆治理及影響與民族共同體意識的強化」『天府新論』2021年第5期
姜南「少數民族地區羈縻制度的建構者諸葛亮　基於國家大一統思想的啓示」『雲南開放大學學報』2014年04期

<水滸伝>

高島俊男『水滸伝の世界』ちくま文庫、2001年
竹内実「『水滸伝』批判について」『東方學報』(52)、1980年
萃嵐「防暴維穩禁播《水滸》控制戰爭片的建言太雷人」『中國共產黨新聞網』2014-03-10（WEB）
馬濤「1975年毛澤東「評《水滸》」內幕」『學習公社數字圖書館』2016-07-06（WEB）
「「李丞相」被罵 外界猜測劍指李克強」『rfa（中文版）』2022-06-15（WEB）

第二章

<孫子>

浅野裕一『孫子』講談社学術文庫、1997年
浅野裕一『孫子を読む』講談社現代新書、1993年
曹操著、渡邉義浩訳『魏武注孫子』講談社学術文庫、2023年
佐藤信弥『戦争の中国古代史』講談社現代新書、2021年
「習近平戰「疫」兵法——知己知彼 百戰不殆」『共産党員網』2020-04-13（WEB）
辛昊「《孫子兵法》與處置群體性事件謀略」『政法學刊』第30卷第6期、2013年
周家駒・林祺然・王海霞「孫子「用間」思想在公安情報蒐集工作中的應用研究」『晉圖學刊』2023-01-11

山口信治・八塚正晃・門間理良『中国安全保障レポート2023　認知領域とグレーゾーン事態の掌握を目指す中国』防衛研究所、2022年

<元寇>
杉山正明『モンゴルが世界史を覆す』日経ビジネス人文庫、2006年
熊玠「大國胸懷與大國威嚴：習近平的國際新思維　《習近平時代》選載【3】」『中国共産党新聞網』2016-07-07（WEB）

<アヘン戦争>
吉澤誠一郎監修『論点・東洋史学　アジア・アフリカへの問い158』ミネルヴァ書房、2021年
菊池秀明『中国の歴史10　ラストエンペラーと近代中国　清末 中華民国』講談社学術文庫、2021年
豊岡康史「「海の歴史」のなかのアヘン戦争」『歴史と地理 世界史の研究』(246)、2016年
小嶋華津子「胡錦濤政権の回顧と中国18全大会の注目点 政治状況に関して（2）」『東京財団政策研究所』2012-10-11（WEB）

第三章
<唐>
松下憲一『中華を生んだ遊牧民　鮮卑拓跋の歴史』講談社選書メチエ、2023年
森部豊『唐　東ユーラシアの大帝国』中公新書、2023年
趙翼『廿二史箚記』上海古籍出版社、2011年
呉兢著、石見清裕訳注『貞観政要　全訳注』講談社学術文庫、2021年
鐘焓「「唐朝系拓跋國家論」命題辨析　以中古民族史上「陰山貴種」問題的検討為切入點」『史學月刊』2021年第7期

<明>
上田信『中国の歴史9　海と帝国　明清時代』講談社学術文庫、2021年
岡本隆司『明代とは何か 「危機」の世界史と東アジア』名古屋大学出版会、2022年

檀上寛『陸海の交錯　明朝の興亡　シリーズ 中国の歴史④』岩波新書、2020年
松本ますみ「「一帯一路」構想の中の「鄭和」言説：中華民族の英雄か、回族の英雄か」『国立民族学博物館調査報告』(142)、2017年
角崎信也「『China Report』Vol. 6　習近平政治の検証③：「反腐敗」」『日本国際問題研究所』2017-03-31（WEB）
「歴史選擇了鄧小平（70）」『中國共產黨新聞網』2018-07-27（WEB）
「明朝洪武年間的反貪風暴」『中國共產黨新聞網』2014-12-29（WEB）
盧春華「洪武年間民眾參與反腐敗的當代啓示」『新西部（理論版）』2016（16）
覃雲・李靜「論明朝監察制度對我國反腐倡廉的啓示」『法制與社會』2015（23）
黎馮梅「明張居正反腐及其對當今的啓示」『法制與社會』2018（22）
高口康太「なぜ中国はコロナ対策に失敗したのか？　悲観論が覆う中国社会」『東亜』(686)、2024年

第四章

＜孔子＞

司馬遼太郎『長安から北京へ』中公文庫、1996年
緒形康「現代中国の儒教運動　蔣慶の政治儒学に見る文化主権の諸問題」『ICCS現代中国学ジャーナル』2巻1号、2010年
緒形康「大陸新儒家の三四年」『中国21』(60)、2024年
銭国紅『近現代中国の儒教』日本経済評論社（大妻ブックレット⑧)、2023年
中島隆博「現代中国の儒教復興」『日本儒教学会報』(1)、2017年
金谷治訳注『論語』岩波文庫、1999年
金谷治訳注『大学・中庸』岩波文庫、1998年
関志雄「中国における儒教のルネッサンス　共産党の政権強化の切り札となるか」『独立行政法人経済産業研究所』2011-04-27（WEB）
馬立誠著、本田善彦訳『中国を動かす八つの思潮　その論争とダイナミズム』科学出版社東京、2013年

安田峰俊「中国の支配者・習近平が引用する奇妙な古典 「紅い皇帝」のダヴィンチ・コード」『ジセダイ総研』2015-04-23（WEB）
陳偉「社會主義核心價值觀儒家政治倫理向度分析」『人民論壇網』2016-06-29（WEB）
『習近平用典』人民日報出版社、2015年

<科挙>
平田茂樹『科挙と官僚制』山川出版社（世界史リブレット9)、1997年
宮崎市定『宮崎市定全集15　科挙』岩波書店、1993年

<漢詩と李白>
張婷婷「日本の対人関係特徴から見た「迷惑」謝罪に関する一考察」『研究会報告　日本語文法研究会』(47)、2021年
「中日國禮絮話:毛澤東為何送田中角榮《楚辭集注》」『中國新聞網』2011-07-16（WEB）
「江澤民詩詞合集：傾訴肺腑衷情，日月為之動容」『捜狐』2022-12-06（WEB）
衡陽雁「再注釋兩首諷江澤民、胡錦濤，惋惜令計劃的七律」『文學城』2020-07-08（WEB）

第五章
<始皇帝>
鶴間和幸『中国の歴史3　ファーストエンペラーの遺産　秦漢帝国』講談社学術文庫、2020年
中島隆博『中国哲学史　諸子百家から朱子学、現代の新儒家まで』中公新書、2022年
渡邉義浩『始皇帝　中華統一の思想 『キングダム』で解く中国大陸の謎』集英社新書、2019年
「儒法鬥爭：「文革」中最後一次思想運動」『澎湃新聞』2014-12-18（WEB）
潘岳「「中国の統治」解読（1）　紀元前から続く「大一統」とは？」『人民中国』2020-08-17（WEB）
朱誠如「中華民族「大一統」理念的歷史傳承」『求是』2022-07-16（WEB）

＜毛沢東＞
王力雄『セレモニー』藤原書店、2019年
小野川秀美編『世界の名著 78　孫文・毛沢東』中公バックス、1980年
古谷浩一『林彪事件と習近平』筑摩選書、2019年
沈夢雨「団結はチカラ」『日中労働者交流協会』2018-07-02（WEB）
袁莉「「誰是我們的敵人？」：那些「擁抱」毛澤東的中國年輕人」『The New York Times（中文版）』2021-07-08（WEB）
「深圳佳士工人維權：左翼青年與政治訴求」『BBC（中文版）』2018-08-16（WEB）

おわりに
山田利明『中国学の歩み　二十世紀のシノロジー』大修館書店（あじあブックス2）、1999年
岡本隆司『近代日本の中国観　石橋湛山・内藤湖南から谷川道雄まで』講談社選書メチエ、2018年
川島真「中国のシャープパワーから見る北大教授拘束事件」『nippon.com』2019-11-20（WEB）

初出一覧

いずれも月刊『Voice』での著者の連載「『中国嫌い』のための中国史」より

第一章：奇書

諸葛孔明（三国志演義）：2023年9月号
水滸伝：2024年1月号

第二章：戦争

孫子：2024年5月号
元寇：2023年10月号
アヘン戦争：2024年2月号

第三章：王朝

唐：2023年8月号
明：2024年4月号

第四章：学問

孔子：2024年7月号
科挙：2024年6月号
漢詩と李白：2024年9月号

第五章：帝王

始皇帝：2024年3月号
毛沢東：2024年10月号

連載担当：水島隆介
編集担当：中西史也

PHP INTERFACE
https://www.php.co.jp/

安田峰俊［やすだ・みねとし］

紀実作家。立命館大学人文科学研究所客員協力研究員。1982年、滋賀県生まれ。広島大学大学院文学研究科博士前期課程修了(中国近現代史)。『八九六四　「天安門事件」は再び起きるか』(KADOKAWA)が第5回城山三郎賞、第50回大宅壮一ノンフィクション賞を受賞。近著に『中国vs.世界』(PHP新書)、『戦狼中国の対日工作』(文春新書)、『恐竜大陸　中国』(角川新書)など。

中国ぎらいのための中国史

(PHP新書 1408)

二〇二四年 九 月二十七日　第一版第一刷
二〇二四年十二月二十七日　第一版第三刷

著者――安田峰俊
発行者――永田貴之
発行所――株式会社PHP研究所
東京本部――〒135-8137 江東区豊洲5-6-52
ビジネス・教養出版部 ☎03-3520-9615(編集)
普及部 ☎03-3520-9630(販売)
京都本部――〒601-8411 京都市南区西九条北ノ内町11
組版――有限会社メディアネット
装幀者――芦澤泰偉＋明石すみれ
印刷所――大日本印刷株式会社
製本所――東京美術紙工協業組合

ISBN978-4-569-85778-7

ＰＨＰ新書刊行にあたって

「繁栄を通じて平和と幸福を」(PEACE and HAPPINESS through PROSPERITY)の願いのもと、ＰＨＰ研究所が創設されて今年で五十周年を迎えます。その歩みは、日本人が先の戦争を乗り越え、並々ならぬ努力を続けて、今日の繁栄を築き上げてきた軌跡に重なります。

しかし、平和で豊かな生活を手にした現在、多くの日本人は、自分が何のために生きているのか、どのように生きていきたいのかを、見失いつつあるように思われます。そして、その間にも、日本国内や世界のみならず地球規模での大きな変化が日々生起し、解決すべき問題となって私たちのもとに押し寄せてきます。

このような時代に人生の確かな価値を見出し、生きる喜びに満ちあふれた社会を実現するために、いま何が求められているのでしょうか。それは、先達が培ってきた知恵を紡ぎ直すこと、その上で自分たち一人一人がおかれた現実と進むべき未来について丹念に考えていくこと以外にはありません。

その営みは、単なる知識に終わらない深い思索へ、そしてよく生きるための哲学への旅でもあります。弊所が創設五十周年を迎えましたのを機に、ＰＨＰ新書を創刊し、この新たな旅を読者と共に歩んでいきたいと思っています。多くの読者の共感と支援を心よりお願いいたします。

一九九六年十月

ＰＨＰ研究所